보헤미안 레토릭

제42차 시혼시인선 공모 당선

보헤미안 레토릭

시산맥 시혼 042

초판 1쇄 인쇄 | 2024년 06월 01일
초판 1쇄 발행 | 2024년 06월 05일

지은이 정황수
펴낸이 문정영
펴낸곳 시산맥사
편집주간 김필영
편집위원 신정민 최연수
등록번호 제300-2013-12호
등록일자 2009년 4월 15일
주소 03131 서울특별시 종로구 율곡로 6길 36. 월드오피스텔 1102호
전화 02-764-8722, 010-8894-8722
전자우편 poemmtss@naver.com
시산맥카페 http://cafe.daum.net/poemmtss

ISBN 979-11-6243-474-1 03810 (종이책)
ISBN 979-11-6243-475-8 05810 (전자책)

값 12,000원

* 이 책은 전부 또는 일부 내용을 재사용하려면 반드시 저작권자와 시산맥사의 동의를 받아야 합니다.
* 이 책은 교보문고와 연계하여 전자북으로 발간되었습니다.
* 본문 페이지에서 한 연이 첫 번째 행에서 시작될 때에는 〈 표기를 합니다.
* 저자의 의도에 따라 작품의 보조 동사와 합성 명사는 띄어쓰기가 달라질 수 있습니다.

보헤미안 레토릭

정황수 시조집

| 시인의 말 |

틀을 깨고 싶다.

낯선 풍경
아무도 걷지 않은 길은
떨림으로 설레지만
두려움이 앞장선다.

먼저란 버팀목으로
나름대로 새길을 열어
당신께 두 팔 펼치고 싶다.

2024년 초여름,
정황수

■ 차 례

1부 극한값 오목가슴에 미련 모두 구겨 넣고

바다 오르간	19
좋은 해골이 되고 싶어	20
천로(天路) 보헤미안	21
발할라(Valhalla) 가는 길섶	23
죽은 자들의 거리	24
뽈레 뽈레(pole pole)	25
바람이 동(東)으로 향한 까닭은	27
아쿠아 알타(Acqua alta)	28
시카고 아포리아	29
골든 서클(Golden circle)	30
루시퍼 그늘받이	31
엘 콘도르 파사(El Condor pasa)	32
롬바르드 엑소더스	33
아주르(Azure), 푸른 보석	34
단테[La divina commedia] Ⅰ	35
단테[La divina commedia] Ⅱ	36
단테[La divina commedia] Ⅲ	37

2부　한 치 앞 물음표 세워 웃자란 더듬이로

순례자가 묵티나트(Multinath) 향한 뜻은	41
비아 돌로로사(Via Dolorosa)	42
무젖은 울림	43
야누스 이중주	44
비상구	45
레퀴엠	46
북 북 북	48
뉴 몰든(New Malden)	49
데스 밸리 신곡	50
풀 몬티(Full Monty)	51
유전자 연대기	52
헬리오스 태양으로	54
다리강가	55
꼭두각시를 든 아이(Child with puppet)	56
벼랑에 걸린 집	57

3부 질투도 가진 자의 것 그마저 다 놓을까?

수미산의 반딧불	61
허장성세	62
아웃사이더(outsider)	63
기리에를 위한 변주	64
세렌디피티(Serendipity)	66
굴레를 벗다	67
괄시(恝視), 그 메타포	68
어느 N포 세대 모놀로그	69
눈먼 거리 아노미	70
마그마 광장	71
참회요일(懺悔曜日)	72
웅장한 가슴앓이	73
Cul-de-sac 5	74
용의선상에서 굶주리는 각다귀들에 던진 날것 한 토막	75
경멸의 근원	76

4부 장사치 판치는 곳엔 비럭질도 사치지요

풍수지리 데카메론	79
용비어천반가(龍飛御天返歌)	80
공무도하가	81
여의(如意), 여의할까?	82
처용, 그 무언가(無言歌)	83
웬 호들갑?	84
파묘(破墓)하다	85
지난여름 안티고네	86
목대잡이 엉너리	87
부엉이바위 별사(別辭)	88
허공에 삽질하기	89
강남 녹턴	90
꼴뚜기 소명(疏明)	91
서울 마리 앙투아네트	92
옹색한 갈채	93

5부   어디에도 가둘 수 없는 페르소나 그림자

사라진 광장	97
무반주 랩소디	98
파르티잔 펠리컨	99
술 취한 하늘	100
파생상품 이삭줍기	101
독도의 꽃	102
이게 아닌데	103
늑대의 광장	104
서울 돈키호테	105
낙타 신드롬	106
틀니 외전(外傳)	107
색안경 텐션	108
성탄전야(聖誕前夜)	109
新 품바	110
희수(喜壽)에게	111

■ 자전적 시론(정황수)   113

1부

극한값 오목가슴에
미련 모두 구겨 넣고

바다 오르간

달마치아 해안에는 큰 고래 살고 있어.

굴뚝보다 더 많다는 자다르 성당 종탑, 임마누엘 간구 담아 뿌~슘~삐~ 목청 돋워 그라베로 뽑고 있어. 등짝에 27개 파이프 세워 놓고 아드리아 파도 앞에 두 팔 펼친 계단 위로 포말을 쏟아내듯 통성 기도, 떼창 소리 응어리를 뱉고 있어. 너무 아파, 너무 아파. 굴욕으로 저린 역사, 황폐해진 도시 곳곳, 날빛 저리 따가울까. 제 집처럼 들락대는 이방인이 싫다 싫어. 속울음 너울이 돼 어둠 멀리 떨치려고 적우 숨결 잔뜩 담아 다닥치는 바닷바람 탄주 음표 모은다고 허리케인 잠재울까. 그예 하늘 내려올까? 바다가 솟구칠까?

호산나! 태양의 인사[Greeting to the sun]* 장엄한 밤을 위해.

* 니콜라 바시츠의 작품. 낮에 모아놓은 태양열이 밤엔 조명이 되어 노을 질 때부터 붉은 하늘과 어우러져 형형색색의 불빛들로 환상적인 느낌을 준다.

좋은 해골이 되고 싶어

죽은 자 얼굴 위에 그림자가 집을 짓나!

우유니 소금사막 한가운데 어부의 섬, 잉카와시 주변에서 물고기를 잡는다고 선인장에 머릴 박아 면류관을 대신할까? 일리마니 산정에서 하늘을 오른다고 타는 태양 꺼당길까? 잃어버린 꿈을 찾아[Buscando un sueño perdido] 선율이 허적이는 밤으로. 제단 위 두개골에 제물 바친 탈 쓴 군상이 라마, 알파카 털로 만든 옷섶이 다 젖도록 떠들썩하게 춤을 추며 몰래 다가가 속삭이고 싶은 거야. 복화술로 네 소원을 말해봐, 말해봐! 그립단 건 괴로우나 따뜻한 거고, 괴롭지 않은 건 사랑이 아니라고. 잊을 수, 떠날 수도 없어 일그러진 거라고. 잘해봐야 넌 이름 없는 시체이고 해골이 되겠지만. 가슴 깊이 대못 박혀있는 네 모습에 다가올 나의 잔치를 준비할 수밖에. 그래, 그래. 그럴 수밖에. 죽음 그 후엔 두개골 생김새 따라 환호와 아우성을 부를 수도 있는 거니, 우린 안데스 콘도르 날갯짓서 태어나 간헐천 열기처럼 잠시 잠깐 머물다 흩어질 한 톨 먼지라도, 콜로라다 홍학 군무에 흐르는 깃털로라도, 어쩜 눈길 사로잡은 냐티타*로 잉카표상 될지 몰라. 그럼 영원히 사는 거 아닐까? 그림자를 벗겨줄 수 있다는 거지.

내 안에 널 가두고 싶어! 태양의 문(門) 부조처럼.

---

* 볼리비아 장례문화로 두개골을 부르는 호칭. 케이틀린 도티 『좋은 시체가 되고 싶어』에서 인용.

천로(天路) 보헤미안

 1. 절망의 늪
 시간을 잊어버린 한 사내 길에 섰다.
 낙엽이 태질하고 날숨처럼 거푸 뱉는 너덜겅 내리받이엔 불단풍이 즐비하다. 냉담한 순례자여! 시온으로 가는 길에 전도자를 팽개치고 체온 잡기 급급하다 낙심의 수렁에 빠진 눈시울이 시뻘겋다. 굴곡진 고행길이 서산마루 턱 괼 무렵 고해뿐인 지난날이 어제 일만 같은데.
 이제 곧 털어 버려야 할 날빛 하냥 두렵다.

 2. 좁은 문
 돌부리 걷어차나? 눈치를 긁어모아
 낙원을 꿈꿔오던 도시인 오목가슴이 비사친 언어유희로 사람멀미에 갇힌 날들. 맥 못 춘 대칭구조 곤두박질 일그러져 애면글면 미당겨도 모진 풍파 휩쓸린다, 이 죄인 불쌍히 여기소서! 말씀이나 붙잡도록. 좁은 문 찾기 위한 이정표가 비틀대고 기도조차 거른 채로 하루하루 앙버티다.
 어디로 가야 할지 몰라 아버지만 찾는다.

 3. 허영 시장
 들뜬 바닥 헤집는다, 호기심도 덩달아서
 구원자에 거리를 둔 흔들리는 정체성이 머리와 따로 놀아난 대체 불가 방황이다. 역마살 낀 도약마다 열병에 든 허릅숭이 도돌이표 탕자인가. 발가벗긴 치부들로 숨 막힐 고난 여정에선 등진 자만 살 수 있나? 금단이란 건 사람이 지어놓은 테두리다. 마음대로 재단하여 신의 영역 거스른 건지.
 노을빛 파노라마가 아슴아슴 멀어진다.

4. 곤고한 산
한 치 앞 읽지 못한 청맹과니 더듬이엔

사람의 아들처럼 골고다에 내치어도 토막 난 볕뉘 소복이 진광불휘(眞光不輝) 쌓인 것이. 바닥 모를 구렁텅에 시험 들어 빠질까 봐, 가시밭길 미지의 문 거침없이 휘몰이로, 고단한 숙명을 따라 오금 저린 뚝심으로. 벼랑 끝에 걸린 잔도 천사들과 어깨 겯고 믿음이란 걸음으로 구름을 발아래 둘까.

잡힐 듯 하늘의 문이 무지개로 가물댄다.

5. 죽음의 어두운 강
여기가 어디인가? 태양마저 지운 강물

스틱스 카론이여! 아홉 명계 휘감아도 노 젓는 소리를 삼킨 달빛 교교 괴괴하다. 조물주도 어둠으로 아침 되게 하셨으니 천궁도(天宮圖)에 엉킨 이름 영광으로 빛날 거다. 소멸로 가는 길목일까? 임마누엘 임하소서! 낯선 저 기울기로 가려지는 하데스에 부질없이, 다 비우고 꽉 쥔 주먹 펼친 지금

하느님 눈에 얼비친 나는 과연 누구일까?

발할라(Valhalla)* 가는 길섶

바이킹 숨결로 찬 노르웨이 숲을 업고

트롤(troll)의 혓바닥에서 새가 되길 바란 사람, 남쪽 먼 나라부터 안식처라 찾은 그곳. 솔베이지 자장가나 뭉크의 절규같이 드러누운 공포마저 훌훌 털고 피오르 물빛 너머 한 폭 달뜬 풍경화를 그리는가. 영광의 오딘이여! 태양의 광휘가 사라진 밤, 몰래 내린 작은 별빛들이 쌓이는 곳. 금빛 방패 천장에다 대들보가 창으로 꾸며진 궁전에서 만나자꾸나. 구름 두른 천인절벽 바람이고 눈송이로 바다 건너 산화가 된 선구자들 이름 빌려 다리 긴 순록이나 덩치 큰 곰처럼 응답하라, 응답하라고 여태껏 문밖에 서성이는데

토르가 맴돌던 산야는 동화 속에 잠들고

하 많은 흑야 백야 마초적 생령들이 거침없이 싸움터를 발할라에 매달려도
천국은 마음에 있는 거, 전쟁 아닌 평화 안에.

* 북유럽 신화에서, 오딘을 위하여 싸우다 죽은 전사들의 영혼이 머무는 궁전

죽은 자들의 거리[*]

달에서 태양까지 피라미드 맞선 여기

소갈로 광장 메트로폴리탄 대성당 지하에는 아스테카 왕국, 인디오가 아직 살아있다나. 바다 건너온 이방인을 햇덩이로 떠받들며, 산 사람 제물 바쳐 융성 왕국 꿈꾸던 우민들이 악마가 된 황제 향해 돌 던지고 내쳐버린 달콤·살벌한 역사 촘촘하게 새겨있다나. 저주스러운 굴레를 벗지 못한 후손이여! 토굴집 가난이나 황금빛 왕궁은 가깝고 먼 곳이라 혼돈이 드리워져 투우장 성난 황소 질긴 고기에다 타코스로도 깊게 박힌 아픔을 치유하지 못하니까 마약을 때려볼까. 기타 치며 휘파람이나 부르든지. 라 쿠카라차! 상갓집 강아지가 독한 테킬라에 취해 내일을 꿈꾸는가. 프리다 칼로 코발트 몽상에다 성모 마리아 발현으로? 고원 호수의 사막 같은 섬엔 솜브레로 모자에 판초 걸친 저 총잡이가 매연으로 찌뿌듯한 안개 뚫고 서서히 제 모습을 드러낼까? 미완성 도시, 신들이 모인 탁 트인 이 거리에 마야 문명이 숨어있고 땅 밑엔 하늘조차 알 수 없는 천기 비문이 감춰져 있어. 저물지 않는 태양이 언젠간 타오를 거라고, 부황 든 얼굴들이 생기 다시 찾을 거라고

뱀을 문 독수리 훨훨 힘껏 솟칠 그 날까지

등 돌린 이웃에게 빌붙어 산 어젤 잊고 발 부르튼 유랑자들 옥토 하냥 일궈낼까?
그예 그, 가시 선인장 꽃 피울 그 날까지.

[*] 멕시코시티 테우이우아칸, 달의 피라미드에서 태양의 피라미드까지 남북으로 가로지르는 거리 이름.

뽈레 뽈레(pole pole)*

1. 킬리만자로의 눈

당신이 늘 꿈꾸던 그 하늘에 닿기 위해

미툼바 시장에서 신발 한 켤레 걸머메고 잰걸음에 가쁜 숨 돌리다가 느릿느릿 발치에서 유령 같은 당신을 만난 거야. 누구도 본 적 없는 표범을 찾으려고 관목들로 가득한 평원같이 탁 트인 길을 가로질러 누가예 누가이, 저 신의 집 문턱에서 내게 다가선 건 귀엣말로 으르렁대는 메마른 바람의 질주였어. 삼태성이 지켜보는 쪽배 걸린 하현달에 눈[雪]이 아니라 뭇별을 둘러쓴 신선처럼 감길 것만 같은 눈망울을 아직까진 희멀거니 끔뻑이며 기다리고 있었나 봐. 그래, 그래, 그렇게나 말이야. 무량억겁 핥고 닳아 우뚝하니 버티기엔 겹고 겨운 늙마에도 부서지고 흩어질 날 아는 듯이 점점 더 뜨거워지는 체온을 한껏 밀어내고 있었던 거지. 그렇게나 오르고 싶어 하던 이곳 산정에도 세상사 영원이란 게 없다면서

눈 녹는 킬리만자로 주저앉은 하늘 아래.

2. 세렝게티 법칙

사바나 살기 위해 졸지 말고 눈알 굴려

　태양을 저격하는 사냥 부족 아니지만 광활한 초원의 바오바브 나무처럼 누천년을 하루처럼 널 지키고 있었던 거지. 햇빛이 작렬하는 공존 공생 벌판에는 목숨 건 한판 혈투가 곳곳에서 벌어지며 흙먼지를 일으키고 피 튕기는 사투에서 흘러내린 핏물이 채 마르기도 전에 독수리 떼 먼저 알고 맴돌아, 맴도는 거야. 코끼리, 코뿔소, 사자, 버펄로, 표범들이 설치는 약육강식 평화 속에 우린 그저 할딱이는 먹잇감에 불과할 뿐. 높고 멀리 뛰는 용기로 삶터 꿋꿋이 끈질기게 지켜오는 마사이 부족처럼 야생의 몸부림에 종족 번식 안간힘이 진화되는 판세들로 저리, 저렇게나 말이야. 검은 꼬리 누 같은 가장 약한 존재가 진정한 아수라장 주인으로 언젠가 무서운 몰이꾼이 될 거라는 세상사 반전의 법칙을 잘 아는지 몰라.

　강하다 으스대지 마! 너도 내일 모르잖아.

* 스와힐리어로 천천히, 천천히.

바람이 동(東)으로 향한 까닭은
-요크셔*

  등치는 핏빛 썰물에 애먼 목숨 앗길까 봐

  하늘 덮은 먹장구름 스카보로우 해안 따라 두 팔 들어 앙버티는 휘휘친친 저 억센 풀들 황무지 등걸잠 비킨 산소에 목이 메고 양떼 초원, 안개 호수, 물기 어린 산야에서 길라잡이 큰 까마귀에 애타게 매달린 건 붉디붉은 햇덩이가 흔들릴까 스러지나, 칼, 도끼 든 살인귀 저 야차 떼를 막아야 해. 목숨 걸고 끝까지 싸워야 해. 주먹 불끈! 풍전등화 백척간두라, 바닷물이 마르고 돌이 썩을 때까지 너나없이 살기 위해 죽어야지, 죽음같이 살아야지. 폭풍우 몰고 오는 동쪽 좇아 달려가야지.

  바람을 앞세운 자는 소멸 또한 잉태하니.

---

* 잉글랜드 동북부의 주(state)로 로마, 섹슨, 데인(바이킹), 노르만 등과 전쟁이 잦았음.

아쿠아 알타(Acqua alta)*

허허탄식 다리 위에 펄럭이는 저 망토는?

멍멍하다 눈망울이, 베네치아 물결무늬 다독이나. 알프스를 머리에 두른 섬, 섬들, 객기만큼 꺼두른 황금이 넘쳐나고 곤돌라 음표들이 누천년 감돈 도시, 바이러스 휩쓴 뒤로 일그러진 흉상들이 머뭇대는 자리인가? 그래그래 거기! 산마르코광장 너머 백발 노아 목청 돋워 대홍수라고. 휘몰아쳐 봉인 풀라고 재우쳐도 세상만사 무위이화(無爲而化)라, 무위이화라. 이어지는 청정 하늘이 절로일까? 윤회일까?

물이 곧 역사가 되어 하늘에 뜬 바다처럼.

* 이탈리아어로 만조를 가리키는 말이나 아드리아 북부에서는 정기적으로 발생하는 이상 조위 현상을 의미한다.

시카고 아포리아

미시간 물결무늬 회리 치다 들앉은 날

 디어필드(Deerfield)* 마당 곳곳 잡초들 고개 들고 사슴 눈동자 흔들릴 때 아다지오 G단조 천둥·번개 부딪치나, 극한 통증 똬리에도 무표정한 순교자로 911을 전혀 몰라, 혼절에서 멍멍하고 산 같은 백발 의사 그 입술 붉다 붉어. 새파랗게 옹송그린 6개월 시한부를 벼랑으로 밀쳐내는 메마른 팔세토에 덜커덩, 덜커덩! 요철 파열 요란하다. 맹수 이빨 사이에 낀 움츠린 먹잇감처럼 분노의 장벽 앞에 휘두를 건 지다위, 지다위뿐. 어찌할까, 어찌할까? 먼먼 나라 빛을 좇아 순례 떠날 이유 없다. 우레, 총성 뒤범벅된 바람의 도시에서 내몰리고 맞부딪쳐 우려낸 땀방울이 눈물 같은 비가 되어 아담의 원죄까지 벌거숭이 아기같이 온몸을 헹궈내나, 속속들이 씻어내나… 은밀하게 자리 잡은 검붉은 혀 흘겨보고 시간에 갇힌 오늘, 과거로 흘리면서 대쪽으로 하늘 엿보고 조개로 바다 헤는 6개월이 6년 되고 강산 몇 번 변했어도 섬뜩하다. 통증 무게, 삼이웃에 쉬쉬하는 하데스에 짓눌린 채

 덴가슴 넌더리 치는 하루가 또 천년이다.

* 시카고 교외 북쪽 30마일 주택 지역.

골든 서클(Golden circle)*

다름이 곧 같은 거란 하늘의 말씀처럼

저 외딴 북대서양 바람의 섬엔 나이테가 그린 비밀이 하나 있지. 차디찬 호수 그 밑바닥엔 해종일 갈라지는 지각판 틈새만큼 지구의 아픈 속살을 오로라가 밤새껏 꿰맨다나? 그래, 그래! 흐늘대는 용암 화산 비낀 곳에 웅얼거린 얼음산 웅크리듯 불덩이 바닷물에 몸을 던진 그때부터 주상절리 폭포에서 유황 냄새 코를 잡는 간헐천까지 내리꽂고 솟구치는 물과 불이 차가운 게 뜨거운 거라, 뜨거운 게 차가운 거라고…. 지수화풍(地水火風)이 다 같은 근원에서 생성되는 것이라고

태나고 스러지는 삶도 손바닥 손등인 걸.

* 아이슬란드 관광명소로 싱벨리어 국립공원, 게이시르, 굴포스 등이 있다.

루시퍼 그늘받이

다 헤진 오선지에 음표 몇 개 뒹구는 날

천사의 도시[LA] 그늘 벗어 양귀비꽃 흐드러진 너른 들판 휘달릴 때 쉼표 찾는 현(絃)의 바다 스트라우스 춤을 추듯 맴도네, 맴을 돌아. 꽃뱀을 안다는 건 햇살이 유난스레 굴절 없이 날름대는 혀로부터 도망치기 위함이야. 어험, 어험… 술 담배로 맛을 잃고 굼뜬 손가락이 건반 음을 예전처럼 짚어내지 못하면서 어둑한 방구석서 쇼팽 변주 휘몰아쳐 크레셴도, 데크레셴도…. 쿵 쾅, 쾅~! 어이없이 혼란스레 발정 난 암캐처럼 라스베이거스 수컷 냄새 탐식하고 탐닉했나. 드높이 날기 위해 이름부터 날개까지 다 바꾸고 기회의 땅 울부짖던 건반 위의 방랑자야. 갈채에 기생하는 저 잡초들을 언젠가 본 것 같지 않은가? '어디서 가 아니라 어떻게'란 허물어진 방정식을 그댄 정녕 지나쳤나? 엘도라도 거리마다 환각제가 들붙어서 팜 스프링 뜨건 탕에 타성 말끔 씻어내자 되뇌더니. 한쪽으로 돌아가는 짧은 목을 가늠조차 못 하면서 갈 곳 잃은 찬란한 몹쓸 날을 뒤로한 채

스모그 신기루에는 샘물 여태 샘솟는데.

엘 콘도르 파사(El Condor pasa)*

짝 잃고 몸부림치다 날개 접는 콘도르야

날아라! 훨훨~ 리마 해안 파도타기에서 비니쿤카 무지개 산정까지. 삶이란 치솟다 내리꽂는 곡예 같아, 침략자 노예이길 거부하다 찢겨 죽은 콘도르 칸키 정령이 어두운 절벽 밑바닥서 하늘 높이 솟구치는 불멸의 새로 되살아나 태양을 띄우고 별들을 모을 거라네. 아함, 그렇지! 그렇고말고. 그리 쉽게 가선 안 되지. 높은 산에 터를 닦고 제 집처럼 들고나던 형제들이 아마존부터 티티카카 호수 속 섬까지 외진 곳에 숨어 버린 우리네 마음속 정처인데. 새야, 새야, 앙천부지(仰天俯地) 하늘·땅 아우르는 콘도르야. 어느 것에 얽매이지 말고 거침없이 날아라. 슬픔 털고 거대한 날갯짓으로 네 식구를 보듬어라. 네가 곧 잉카고 안데스니, 관용에 공존, 생목숨 밟지 않는 용서만이 이기는 거라네. 결사 항전 지키려고 요새 쌓기나 벼랑에 걸린 석관같이 거부하는 몸짓보단 어우렁더우렁 함께함이 어떠한가, 어떠한가? 하늘에서만 가늠되는 나스카의 거대그림이 오묘한 신의 뜻에 순응하라는 은유 아니던가? 태양신 제국의 심장인 쿠스코 광장에서 우릴 기다려주오. 마추픽추와 와이나픽추 거닐게 해주오. 삼뽀냐, 께냐, 차랑고가 흐느끼며 애원하잖아. 황금 가득한 땅에 산과 물이 있고 열대우림, 고원, 사막에 호수와 만년설 봉우리, 긴긴 바다를 두루 품었으니

죽어도 다시 살아나 활개 크게 펼쳐라.

세상에서 가장 슬픈 소리를 내는 새야, 부질없다 이 한세상 툴툴 털고 일어나라, 발아래 땅 숨결 딛고 자유롭게 날아라.

* 사이먼과 가펑클 노래에서 인용.

롬바르드 엑소더스

빛바랜 지붕 위로 안개비 조는 오후

모로 누운 시티 콧대 거방진 목소리에 혜식은 서울발 부고 템스강에 흘려보낸 그래 거기, 지난날 피땀 눈물, 살가운 얼굴까지 깊게 박힌 거릴 지나 잔자갈 깐 굽은 골목 온몸으로 요동치다 망나니에게 머리 내민 사수(死囚)가 피를 부른 바로 거기. 본체만체 눈 흘기고 발길 접은 여우비야. 도도한 저 강 물결을 유령처럼 흐리는가. 고단한 손끝 너머 살내 끝내 추적하여 먹이 찾는 까마귀 떼 게걸스러운 검은 부리가 황토 물살 감돌아 목청 돋워 발톱 가나? 더는 뜯어먹을 게 없을 때까지. 까악 깍, 깍깍…. 세상에나, 만상에나! 런던탑 왕관에서 타워 브리지 그 아래로 만장 펼친 소리가 엎어지고, 자빠져서 좌표마저 잃은 건가. 설움뿐인 사분의 사 박자 음표들이 그렁그렁한 레퀴엠을 선착장에 가둬두고 워털루도 본체만체 히스로로 달려가네, 내달려 갈 수밖에

극한값 오목가슴에 미련 모두 구겨 넣고.

아주르(Azure), 푸른 보석

비바체 빗방울이 왁자하게 앞서간다.

죽은 자 화석이 된 비에 젖은 폼페이서 삼등 열차 덜컹대며 절벽 위 하얀 집들 태양의 도시 소렌토로. 에스프레소 털어 넣고 잠긴 몸 일으키어 코발트 지중해에 두리둥실 뱃고동 메아리가 낮잠 자다 파도로 엉켜버린, 카프리섬. 누천년 야사들이 널브러져 은빛으로 출렁이고 분단장 푸른 동굴, 몬테 솔라노, 황제 정원 구석마다 적막이 울렁이는데, 왜? 화장기가 사라졌나? 난연하게. 괴팍스레 로마 떠난 티베리우스 황제가 수많은 미소년을 벼랑으로 밀쳤다는 낙화 바위 야사까지. 능욕당한 혼령들이 카나리아 휘파람으로 피 토하고 눈동자는 진주 되어 응어리로 저주한다나? 생쥐 물고 꼬리 쳐든 길고양이 눈빛처럼 부서지는 햇살 받아 날카로운 발톱 연신 치켜들다 시공을 훌쩍 건넌 난바다 외딴섬에 우리 모두 귀 세우는 건, 어지러운 사연들이 알알 박혀 유려해도 유배된 기슭 등진 채 낙타 몰래 흐느끼는 피눈물을 모아, 모아서 가슴속 되작거린 하소연이…

몽중몽(夢中夢) 라르고 변주가 일떠서다 가라앉고.

단테[La divina commedia] I
-지옥 편

  글쎄, 나는 누구일까? 여기는 또 어디인가? 어둠의 긴 터널 따라 더듬이 곤두세워 길잡이 베르길리우스에 숨기고픈 또 다른 나?

  어디쯤 와 있는 걸까? 땅속 깊어 캄캄한 곳

  아케론의 카론이여! 아홉 개 아비 층층 림보에서 건너온 자 희망을 버리라고 후회는 바람 같은 것 끊임없는 탄식만이. 들리는가? 한 획 긋고 이름값 하는 저들 누천년 송덕비에 매달려 애태우다 아직도 떠받들기를 갈망하는 코 큰 소리가. 언젠가 이곳마저 제 손아귀 넣으려고 단 한 톨 뉘우치는 기미조차 거부하고 부둥킨 환호성까지 끌어안으려 하는 이들

  애욕에 탐닉하여 헤어나지 못하였고 비참할 때 행복했던 옛 시절을 떠올리자 그만큼 괴로운 것이 없다는 걸 알면서도. 폭식, 미식 낭비까지 탐욕 틀에 푹 빠져서 내일이 어찌 되든 저 스스로 받든다고 누가 널 우러러볼까 분노에 갇혀 먹힌

  싸움박질하지 마라, 사기를 치지 마라, 아첨하고 위증하고 삐뚤게 횡보할 때 모든 게 비틀어지는 것 바른길로 걸어가라. 침 뱉고 돌아서면 도도 처처 가시밭길, 네가 판 함정 속에 너도 빠져 허우적댈 거다. 지옥은 마음속이다, 네가 사는 바로 그곳

  여기서 죽은 자로부터 詩가 되어 되살리니.

단테[La divina commedia] II
-연옥 편

누구라도 그러하듯 아쉬움에 떠나버린

태양은 황소자리 밤은 전갈자리 어린 백학 날고 싶어 날개를 퍼덕이다 제 깃털 버티지 못하고 주저앉고 마는 것을. 죽음이란 갱생되는 중천의 고통이요 묻고 싶은 목울대가 저 혼자 되뇌는 곳, 정죄의 산등성이서 영혼 말끔 씻으리라.

대리석 벽에 갇힌 교만한 마음으로 못할 것 없는 펜이 글귀 마구 휘두르다 질투의 메두사처럼 일그러진 흉상이 된. 거울에 비친 이여! 왜 거기에 갇혀있나? 찌그러진 분노마저 못 삭인 채 식식대니 거울 강 비친 발자취를 손바닥이 어찌 가려?

온종일 쥐코조리 자발없이 판 흔들다 제풀에 기가 꺾여 주저앉아버린 뒤끝, 나태한 울에 갇혀서도 뭘 그리 뒤흔들어. 제 깜냥 저 너머를 탐식하는 탐심에다 비뚤어진 색(色)에 빠져 몰골마저 상하리니 어디든 정화 터널서 툴툴 털고 벗어나길…

천국을 향한 길섶서 손 내미는 베아트리체.

단테[La divina commedia] III
-천국 편

지구를 둘러싸는 아홉 천국 고리들엔

하느님께 바친 서원 다 이루지 못한 자여! 눈부신 천계(天界) 곳곳 발자취를 걸어놓아 월성천(月星天) 닿는 곳마다 아쉬움이 남았어도. 쉼 없이 하늘 일에 땀 흘리는 영혼이라 달과 별, 하늘 아래 희망찬 걸음이라 수성천(水星天) 인도자 은총이 온몸 소복 싸이고. 신앙이란 중독성 높은 사랑에 빠진 자들 하느님 섭리 좇아 넘치는 기쁨으로 금성천(金星天) 눈이 멀 만큼 성령 가득 강림하고

저 높은 곳에 계신 세상 밝힐 현자같이 태양천(太陽天) 장엄한 빛 골골샅샅 펼치므로 당신이 메시아라네 우리 모두 구원할 이. 독생자를 위해 싸운 그리스도 자녀들아, 땅속뿌리 그 존재를 모르는 이파리처럼 화성천(火星天) 삼위일체 믿음은 용기가 필요한 거. 천사들이 환호하네, 복음을 깨친 이에 진리를 사랑하고 불신앙에 항거하니 목성천(木星天) 보듬어주나 정의의 손길 뻗쳐

미로 속 네 운명을 거울같이 투시하는 사제요 선지자가 두 마리 짐승처럼 한 장의 가죽을 쓰고 활개 치진 않을 거다. 토성(土星), 항성천(恒星天)에 믿음과 사랑 소망, 할렐루야 성호 긋고 감사 충만 두 팔 벌려 호산나 잔미 받으소서! 원동천(原動天) 밝고 맑게. 말씀이 넘치는 곳 지존 높이 드리우고 거룩하다 경배기도 창조주를 찬양하라, 왕의 왕, 하늘 영광이다. 임마누엘 임하소서!

〈
　지고천(至高天) 참 빛을 위해 항상 깨어있으라.

*

　바람을 일으키는 미네르바 행로인가? 피안으로 가는 길목 하늘 한 번 우러르다 별들을 움직일 사랑이 영광이란 걸 알고선.
　난 어디로 가야 하나? 본향마저 잃을지언정 제 詩만큼 늘 평화와 함께하면 좋으련만, 오, 사랑! 당신을 위해 회심하는 순례자로.

2부

한 치 앞 물음표 세워
웃자란 더듬이로

순례자가 묵티나트(Multinath)* 향한 뜻은

앞섶 풀어 속살 보인 금단의 땅 눈빛에서

  황갈색 흙먼지에 물가인지 산길인지 분간 못 할 후밋길 따라 무스탕 사암 벼랑 좁은 토굴 속에 제 몸을 욱여넣고 묵언 참선에 든 수행자야, 마른 바람 가르침을 들었는가? 열구름 그림자를 보았는가? 가없는 이 태허에선 넌 하찮은 티끌이고 하고많은 세포들 유기체에 불과하다는 걸 아는가? 붉은 절벽 위로 펼쳐진 풀 한 포기 없는 허허 고원을 회심하는 발걸음이 네 자취마저 지우게끔 두 팔 벌려 소리쳐라, 무얼 위해 사는가를. 안나푸르나 파노라마 숨 막힐 황홀경엔 떠돌이 구도자임을. 너의 니르바나는 언제쯤 가닿나요? 정신줄로 지탱해온 몸뚱이를 신의 샘물에, 성스러운 강물이란 108 물줄기에 세속 때를 말끔히 씻어야만 소멸하는 업장이라 별을 세며 갈구해온 깨달음의 땅이 과연 여긴가요? 황량하게 잃어버린 마음눈을 들깨우고 꺼지지 않는 불꽃으로 서방정토 길을 밝힌 대자연의 섭리에서

  밥 없인 살 수 있어도 하늘 양식 없인 어찌?

* 불교, 힌두교의 최고 성지 중 하나.

비아 돌로로사(Via Dolorosa)*

하늘 역사 팽개치고 기울기로 앓는 땅별

골목길 비틀대는 계단마다 핏자국이 울먹이나, 즐비한 성전 따라 장사치 호객 소리 발걸음을 붙잡는가. 겟세마네 간구에도 14처처마다 눈 흘기는 비웃음이 길바닥에 질펀하여 베들레헴 환호부터 나사로 기적까지 외면한 채 덧씌운 면류관도 모자라 골고다 십자가의 절규마저 버렸는가. 당신은 이곳에서 무얼 위해 매달렸나? 롱기누스 창끝에서 요동치던 우렛소리 빗줄기를 다 삼켜서 누천년 말라 버린 햇볕 저리 따가울까. 예루살렘아, 예루살렘아! 너는 구원조차 물리치고 증오와 분열로 들끓는가? 부활하신 무덤이나 승천하신 올리브 산 어디에도 생명수 증언보다 메마른 침묵만이

호산나 꿈꾼 환호엔 노놓친 바람만이.

* 라틴어로 고통의 길. 예루살렘에서 갈보리까지 십자가를 지고 가신 예수님의 고난의 길.

무젓은 울림

음악을 사랑하다 음악이 된 도시에는

울렁이는 거리마다 음표들이 출렁이고 숨죽인 호기심을 빗방울이 삼키는가, 누구의 간섭조차 거부하는 잘츠 강물, 호엔 요새 저 멀리 알프스를 비껴 앉은 소금 광산을 휘휘 도는 새가 되어 흐르는 멜로디에 나를 실어볼까. 미라벨 정원 돌며 도레미송 불러보자. 게트라이트 상점에서 명품우산 사서 들고 잘츠부르크 대성당 파이프오르간 글로리아 미사곡에 굼뜬 신앙 일깨우자. 하루를 마감하는 선술집 담배 연기 피아노 현란함에 호산나 종소리가 바람둥이 돈 조반니엔 찬양으로 들앉는가. 여긴가 봐. 토마젤리 카페에서 커피 한 잔 홀짝이고 세인트 피터 콜럼버스 맥주를 들이켠 뒤 인형극이나 때릴 곳이. 교향악이 감도는 골목마다 저마다 악기 하나 둘러맨 채 북적이는 집시들의 환호성이 젖었네, 다 젖었어, 흠뻑 젖어 속죄양 핏물까지 씻기어 흘러가네. 고독마저 구걸하는 볼프강 포로들이 하염없이 선율 털고 회오리로 맴돌다, 맴돌다가 마지못해 등질 즈음

그 울림 하늘이 되어 발걸음을 붙드는 넌?

야누스 이중주

보호막 산호초가 그늘이 된 둥지의 섬

그래, 널 피해 이별을 가장하고 영주권을 받은 거야. 멀고 찾기 어려운 태평양 한가운데 섬나라 피지로, 난디(Nadi) 공항서부터 스스로 해방하고 싶었던 거지. 바람이 불어오는 곳에 산다는 폴리네시아 사람 닮아 다 내려놓고 삼베또 산정의 잠자는 저 거인같이 셀 수 없는 난초와 희귀식물에 둘러싸여 세상 시름 잊은 듯이 흐뭇했어. 코코넛 물을 마시고 펄펄 뛰는 물고기에 눈을 쏘고 그림 같은 작은 섬을 돌아보며 지난날을 훨훨 날려버린 거야. 그런데, 그런데 말이야. 한 치 앞 모르는 사람들 속마음, 낙원 찾아 훌훌 털고 힘들게 온 동포들을 갈취하며 목줄 옥죄는 독버섯이 자라는 줄 어찌 알겠어? 이럴 수가! 카멜레온 변신으로 경험치를 비틀어서 세 치 혀로 불가능에 가깝다는 위기일발 그 손아귀를 벗어날 수 있었지. 너를 잊기 위한 어리석은 내 행보가 수바(Suva) 하늘 빼곡하게 채우다, 채우다 쏟아지는 유성처럼 가슴 깊이 사무친 인연의 끈을 더욱 꽉! 조이고 묶어버린 거야. 몰래 잠든 일탈마저 지구 끝자락서 물거품이 되어버렸지. 비누이레우 잠자는 화산의 차가운 호숫물을 그렇게, 그렇게나 바다 가운데로 흘려보내는데 동화되지 못하고 떠돌다, 떠돌다가 되돌아온 거야,

외사랑 소용돌이칠 가슴앓이 윤회처럼.

비상구
-토텐함 코트로드(런던)

벼락바람 어둠 뚫고 튜브의 닻 내린 순간,

중저음 한 남성이 앞장선 미로 따라 부스스한 커뮤터들 잰걸음을 재우쳐, 재우치고 가파른 나선 계단 헐떡이는 몸 가누다 일그러진 긴 벽화 앞, 학익진 버스킹에 뒤꿈치가 잡혔는지 숨 벅찬 엑소더스 치켜뜬 눈꺼풀이 후유~휴 한숨 막 돌린다고 잠시 잠깐 서성일 때, 아이코! 늙은 집시 지린내와 알코올 흐린 눈빛 불호령에 화들짝! 혼비백산 줄행랑쳐 땅 밖으로 머리 밀다 부서지는 햇살 받은 히피족 물결들에 얼떨해진 비버처럼 어지러워, 어지러워라. IRA 헛방치기 선잠 깬 거리마다 투정 부린 잠꼬대로 엉덩이가 들먹이므로 백 년 넘은 우산 가게서 중절모, 지팡이에 뮤지컬을 때려볼까. 대영박물관 어두운 펍(pub) 마르크스 위로할까. 갈색 천 어깨 두른 조로아스터 행렬 좇아 노방전도 방울 딸랑딸랑 울려볼까. 런던대학 귀동냥에 셜록 홈스 탐정 놀이? G 마이너 선율부터 섹스숍 눈요기는? 아니야, 그건 아니지. 어수선한 옥스퍼드 거리 아직은 아침인걸. 센터 포인트 높이 올라 사방팔방 둘러보니…

갈림목 웨스트엔드 오방색이 눈부시다.

레퀴엠
-Gabriel Fauré Requiem

슬픔을 억누르고 두 손 모은 신도들아.

1곡. 기리에(kyrie)
기리에 엘레이숀, 그리스데 엘레이숀, 오, 주여! 이 죄인을 불쌍히 여기시어 간절히 기도하는 자에 자비를 베푸소서.

2곡. 봉헌(Offertoire)
하느님께 모든 것을 엎드려 바칩니다. 당신께 받은 것을 되돌려 드리오니 복음이 세상 끝까지 전파되게 하소서.

3곡. 상투스(Sanctus)
거룩하다, 거룩하시다, 만군의 주 하느님, 하늘땅 가득 채운 영광찬미 받으소서. 주 이름 오시는 이여! 높은 데에 호산나.

4곡. 피에 예수(Pie Jesu)
성체, 보혈 먹이시어 한 몸 되게 하셨으니 당신 안에 내가 있듯 내겐 당신 있습니다. 부활로 언약 성사가 이뤄지게 하소서.

5곡. 아뉴스 데이(Agus Dei)
하느님의 어린 양이여, 세상 죄를 없애주소서, 성령으로 도우시어 사랑 안에 상통하고 평화가 넘친 은혜로 가득하게 하소서.

6곡. 리베라 메(Libera me)
죽으셨고 부활하셨고 다시 오실 그날까지 그리스도와 함께 그리스도 안에서 오묘한 감사 성찬을 나눕니다, 알렐루야!

7곡. 천국에서(In Paradisum)
성부 성자 성신으로 새 생명을 얻었으니 두려움을 쫓아내고 기쁨으로 맞은 천국 당신이 머무시는 곳이 영원한 내 집입니다.

하늘이 함께하시니 내가 편히 쉬렵니다.

북북북

1. 런던
까마귀 성(城) 여왕에게 작위 받은 해적 두목 무적함대 쳐부수고 깃발 높이 휘날린다, 난바다 영토 누비는 북소리 이명으로. 밥줄이라 물길 끌어 씨줄 날줄 북이 난다, 지구 한끝 쉼도 없이 물레가 돌아간다. 일꾼들 다 어디 갔나? 기계 절로 돌아간다, 게걸스레 돈을 세는 횔. 횔. 횔… 바람 소리 세상 발치 곳간에는 황금 보물 그득하다!

서방 끝 해지지 않는 나라. 날아라, 북아! 북아….

2. 서울
한수대탄(漢水大灘) 용오름이 엇박자 바람맞아 신문고 안달해도 엉킨 매듭 또 배꼬이고 곳간의 쥐새끼 한 마리가 온 나라 들쑤시나. 고개 숙인 젊은이여, 어깨 겯고 날아 보자, 손아귀에 펼친 우주, 함께 그린 동심원이 막 솟는 해를 떠받혀 옹골차니 장식하게, 누구를 원망하고 어느 무엇 탓을 말며 둥. 둥. 둥… 요란스레 경도선 되세울까?

동방 끝 해 뜨는 나라. 울려라, 북아! 북아….

솟아라! 동서(東西) 드높이 세상 향해 어깨 겯고.

뉴 몰든(New Malden)*

매지구름 꽁무니를 여우비가 두들긴다.

비틀거린 가로등을 토악질로 되세우고 이국 하늘 멱살잡이 명문가 저 공주님이 벌러덩! 몰든 로드에 큰대자로 누웠다네. 젖은 눈 풀어지고 혀가 배배 꼬인 것이 여자라는 무게에 짓눌린 노라(Nora)처럼, 어디로 튈지 모를 오두발광 집시처럼, 허튼수작 암캐들의 레이먼드 무대처럼. 한풀 꺾인 망아지의 들썩이는 등짝 위를 입 굳게 다문 채로 치다꺼리 남자 친구 볼 때마다 달라지는 그 국적 수상하다, 수상해…. 농무(濃霧)를 몰고 가는 갑작바람 뺨을 친 뒤 방패막이 실루엣은 왜? 더욱 흐릿할까? 도도히 손 흔드는 저 신부 누구인가? 어디서 보았더라? 말괄량이가 왕비로? 개차반의 변신술이 놀라워라, 놀라워라. 신데렐라 긴 드레스가 화면 가득 뒤덮은 날, 은근짜 보헤미안 휘청거린 밤을 타나? 뒤웅박 여자 팔자 한 치 앞 모른다고, 코앞 일 모른대도…. 지나새나 피땀 쏟고 코피 쏟는 하루살이, 갈팡질팡 뜨내기들, 역마살에 걸린 명줄 만리타국 서러움에 한숨으로 처진 어깨, 정수리를 느닷없이 탁! 때리는 정문일침(頂門一針)에

앗! 뜨거.
거지 같은 세상
역겨워라, 역겨워….

* 런던의 한인 밀집 지역.

데스 밸리 신곡

이곳에 들어온 자 희망을 버리라고?

밤새도록 암석들이 꿈틀대며 울고 있었어, 죽음의 모래 바다를 항해하는 돌들의 소리. 빛과 어둠 속에 황망한 바람맞아 제 몸을 어찌 못해 어디론가 휩쓸리다, 보아라! 벌거벗은 여인의 실루엣인가. 햇빛에 반짝이는 위대한 걸작품, 샌드 듄(sand dune)의 미학을. 남모르게 펼치시는 오묘한 그분만의 깊은 뜻을. 바다보다 낮은 고도, 드넓은 벌판 가득 소금밭 속속들이 마귀가 속삭이는 불바다를 헤매고 허덕이다 찾았는가, 생명수가 용솟음치는 오아시스를, 용광로 계곡[furnace creek] 한가운데 차가운 도랑물이 흐르는 곳, 젖과 꿀이 넘쳐나고 지옥 안 천국처럼 눈부신 잔디에서 골프공을 날리며 나이스 샷! 하늘이 감추어둔 불가마에 별천지인 안식처를 들춰내니 당신의 전능이란 어디든 어떤 때든 임할 수도

저 높은 곳에 계시는 분을 경배할 수밖에.

풀 몬티(Full Monty)*

지켜야 할 건 많은 데 가진 거라곤 몸뚱이뿐

 발가벗자! 있는 그대로 오롯이 알몸으로, 하루살이 끝장이다. 모든 걸 다 내려놓고 두려움 던져버리자. 밑바닥을 보인단 건 거리낄 게 없다는 거, 어리석으나[fool] 충만하고[full] 욕심마저 털어버려 거울 속 변치 않는 나[自我]를 찾기 위하여서. 무(無)에서 태어나서 빈손으로 돌아가듯 한 조각 뜬구름이 일어나고 사라지는

 무아몽(無我夢) 소멸하지 않을 양식이고 길인 것을.

* 1970년대 초 구조조정으로 해고당한 근로자들이 생계를 위해 스트립쇼를 벌이는 과정을 그린 피터 카타네오 감독의 1997년도 영화.

유전자 연대기

1記 | 박테리아 눈

틈 보인 잘못이지 제집인 양 차고앉아 주광성 렌즈 켜고 촉수 한껏 곤두세워 드넓다 뒤틀린 하늘 네가 나고 내가 너야. 낯선 거리 곳곳에서 푸른 민낯 드러내고 방황하는 연대라도 거기 있는 풍경처럼 실종된 세월만큼이나 무표정한 종(種)의 무리. 열 오른 땀방울에 온종일 결박된 날, 죄어오는 아픔마저 기대고픈 사랑일까?
 그래, 뭐! 피할 수 없어 그리 함께 가는 거야.

2記 | 미토콘드리아 이브

제 몸 쪼갠 외곬마저 네가 그리 바꾼 거야 엽록체 맞은편 쪽 약육강식 염색체들 멱급수 DNA RNA 씨알 와락 번진 거기. 작고 겨운 힘찬 몸짓 끝내 거둔 황홀감에 진핵 고이 간직한 채 누 억년 이어왔어! 수없이 복제되는 별, 별, 우주를 넘나들고. 한 뿌리 내리려고 헐떡이는 생명체가 아등바등 난류 따라 에너지 합성하다
 눈 익고 손이 선 곳에 자리 잡은 붉은 가슴.

3記 | 누트리쿨라 시계

크로노스도 모르는 걸 코앞에 다닥친 양, 독살당한 시간을 찾아가는 긴긴 행렬 어딜까? 벤저민 시계 초침(秒針)이 멈추는 곳. 결기 세운 정복자들 부릅뜬 뇌, 가위들로 줄기세포 꼬아 감춘 방정식 x의 값을, 풀었나? 파피루스의 알파와 오메가를. 판독 못 한 텔로미어* 그러안고 유영하는 무한 반복, 네 분화에 사랑만은 변하지 마!
 몰랐어? 깊고 푸른 밤, 끈끈한 저 집착을.

* 말단소립(telomere)으로 세포 시계의 역할을 담당하는 DNA 조각들.

헬리오스 태양으로

히스 그늘 여우들의 구수회의 긴긴 침묵.

런던 서북쪽 골통 보수 백인 동네 리크먼즈워스(Rickmansworth)가 늙수그레한 한국인을 성당 주관자[vicar]로 앉힌 뜻은 향기로운 백합보다 양귀비를 선호하고 햇귀 몇 톨 빛발보다 빵·소금이 필요했기 때문이라나. 해가 지지 않는 나라 콧대 높은 원로들이 볼품없이 작달막한 말더듬이에 왜 추파 던졌을까? 왜일까, 왜일까? 세월없는 안개비로 느릅나무 구름장 너머 바깥세상 동경하여 샛마파람 근원 찾아 떠난다고? 경천동지 일이로세, 우공이산(愚公移山) 발을 떼냐? 빅토리아 지붕 밑에 퀴퀴하게 쌓인 날들 말끔히 털어내고 편년체 정초(定礎) 역사, 곰팡이 슨 어제까지 묻어둔 채. 그렇구나, 그렇구나. 성전 볕뉘 소복 쌓여 주춧돌에 앉는 아침, 키 낮은 주홍 가속, 어부반지 손을 들어 목자지팡이 쿵! 쿵! 성소 감돈 호산나에 스테인드글라스 오색영롱한 빛무리가 뾰족탑 타고 높이, 드높이 치솟아 올라 헬리오스 불마차로 마을 그리 휘돌다가 편서풍 등에 업고 붉은 태양으로 들어가네, 들어가네, 피죽바람 몰고 가네.

종소리 요란을 떨며 온 마을 들깨우고.

다리강가*

한 아이 태어났지, 쏟아지는 불비 속에

다리 3개 까만 몸의 새[鳥] 형용 사내아이, 불의 강물 넘쳐흘러 높게더기 넓혀지고 바닷물이 빠져나가 사막이 들끓을 때, 붉은 해는 잃어버린 아들이라 혀를 차고 찬 바다는 빼앗긴 자식이라 미당길 뿐, 후미의 자기공명, 해조음 이명에도 백악기가 역사인 땅 화성암 구멍 사이 고아로 버려졌지. 모래 눈썹 쌍봉낙타, 갈기 떠는 야생마가 바람 열기, 별 노래를 갈마들게 다독이어 산같이 커진 날개 까마귀로 탈바꿈한 날, 빛의 속도 솟구치나 에이유**가 순간처럼 태양 안에 들앉아서 지구별 땅과 바다 주관자가 되었다나? 이나 저나 하늘 주인이 둘일 순 없는 법에 그 후예들 저 스스로 바람칼을 도려내고 검은 반점 감춘 채로 해가 뜨는 동남 방향, 산과 물 벌판이나 바다 건너 돌투성이 화산섬까지 척박을 가다루는 가슴앓이가 되었다지? 용암에서 잉태된 황도대 흑점으로 정박했던 구릉마다 풀꽃들이 키를 재고 더께 앉은 세월만큼 아슴아슴한 레-전설을 마두금이 헤집으며 안타까이 불러 봐도 메아리마저 길 헤매는지. 아이니 쇼워*** 아이니 쇼워⋯

삼족오, 한울 전설의 궤적이 다 지워졌어.

---

* 몽골 동남쪽 220여 개 사화산 평원지역으로 풍토가 제주도와 유사하고 고구려 유적들이 발굴되었음.

** 태양계 내의 천체 사이의 거리를 나타내는 단위. 1천문단위는 약 1억 4,960만km임.

*** 몽골 대표 민요로 '철새'라는 의미임.

꼭두각시를 든 아이(Child with puppet)*

입 꽉! 다문 소녀 하나 아방가르드 그늘에

그 눈빛 탄다, 타네, 옹차게 부릅떠도 꽃다발 향기만으로 감당 못 할 시간인지. 바람마저 휑한 나절 햇살 가득 발라놓고 숨 막히게 환한 풀밭에 꼭두각시 흔든다고 감춰진 유년 얼굴로 돌아갈 수 있나요? 내 어릴 적 삼킨 꿈도 아이같이 저랬나요? 오선지 행간조차 날지 못한 음표처럼 어디로 튈지 모르는 웃음마저 지운 채로 조숙해진 저 천사는 가면 놀이 세상사에 비대칭 몸태 세워 무슨 내일 그리려나요? 하늘땅 푸른 숨결이 아직 저리 파릇한데. 난 몰라요, 저 소녀가 뭘 애써 펼치는지 이름뿐인 이름 걸고 길 아닌 길 위에서

한 치 앞 물음표 세워 웃자란 더듬이로.

* 앙리 루소의 그림, 어색한 인체 비율, 어른 얼굴의 아이 등 색다른 조합이 특징.

벼랑에 걸린 집*

벗어둔 신발 속에 못다 이룬 시간만큼

서산 향한 저 그림자 국화꽃 지르밟고 검고도 누런 길 끝에 초점 잃고 서 있다. 티끌 말끔 털어내야 거룻배에 오른다는 늙은 사공 치켜뜬 눈 물안개가 가로막아 강 가른 노 젓는 소리 상엿소리처럼 읽히네. 부질없이 날고파서 벼랑에 매달린 집, 윤회하는 기점으로 휴거의 거점으로 둥지에 깃든 새처럼 날아가길 기다려도. 그럴 거야, 그렇겠지? 그래 봐도, 곡절들이 할퀸 것은 게나예나 매한가지 쌓인 업보 그러안고 하늘 거처 갈닦은들

굴레를 벗지 못한 채 중천 하냥 맴돌겠지.

* 페루·필리핀 등 세계 곳곳에서 볼 수 있는, 벼랑에 관을 매다는 장례 풍습.

3부

질투도 가진 자의 것
그마저 다 놓을까?

수미산의 반딧불

억척보두 순례길은 외로워야 닿는 거다.

영혼의 순례자가 두 무릎, 두 손, 이마로 땅을 친다. 검붉게 탄 오체투지는 길에서 길에 내리치는 죽비이고 몸뚱인 암수 동체 작은 우주다. 희로애락, 번뇌, 욕심마저 다 버리고 이생 업보 내려둔 채 길에서 길을 묻는 꺼질 듯 반짝이는 삶의 걸음마다. 옴마니 반메훔, 옴마니 반메훔. 카일라스 눈[雪]의 보석에서 조캉사원 본존 불상까지. 만년설을 머리 이고 바람으로 말하며 온몸으로 경배하는 형형한 눈빛이 해탈을 위해 마니차를 돌리고 돌리는가. 샹그릴라 외면하고 성산 하늘길 따라 성도로 가는 뜻은 다음 생을 위한 뼈를 깎는 담금질로. 묵언 기도 3천 리 땅바닥이 우주 만물 어미 품인 것처럼. 사자의 서(書)가 슬며시 들춰 보인 윤회 사슬 어찌 끊고 소멸하길 간구하는

천장(天葬) 저, 육탈 탐욕마저 버려야만 닿는 거다.

허장성세

장성을 못 본 자는 사내라 할 수 없다?

북방 유목 오랑캐의 공포심이 농경민을 짓눌렀지. 오직 살아남기 위해서 방벽 쌓기 시작했어. 금세 끝날 수 없는 거대한 발걸음을, 수많은 장정을 무덤에 넣을 때까지, 하룻밤에 만리장성을 쌓으려고 몸 바쳐 하늘을 구해내고 어떤 이는 서책을 다 버리고 몸을 던지기도 했다나? 동해 바닷가 시작점에서 서쪽 사막 끝까지, 예수가 태어나기 전부터 콜럼버스가 신대륙을 발견한 그 후까지. 죽어야 해방되는 수탈 착취, 끝 모를 방어막을 쌓고 또 쌓아봐도 짐승들로 의식주를 해결하는 야만인을 막질 못한 거야. 무서운 해골들의 울음소리가 침략 발길을 얼어붙게 하고 죽은 뼈다귀 인광으로 눈을 멀게 만들어 나라를 지켜낸 거지. 그건 높고 견고한 성이 아니라 날뛰는 야수에 대항하는 수탈 착취 왕들의 두려움에서 잉태된

크고 긴 무덤일 뿐이야, 피땀 눈물로 만든.

아웃사이더(outsider)

턱을 괴는 물음표가 비답(批答) 없이 뭉개지나?

굼뜬 자모 가다루고 글귀 잔뜩 치장하다 물감 범벅 휘감기는 몸부림이 허수하다, 허수해요. 늦깎이 땅을 박차고 하늘 하냥 부라려도 살손 붙인 광장으로 밤이 성큼 들앉는가! 앞가림도 못하면서 지나새나 땀방울로 갈닦는 윤똑똑일까, 머리 연신 조아린 날들. 몰랐어요, 몰랐어요. 어정잡이 어찌 먼저 가닿는지? 떠세한 가면 놀이에 부복하는 비굴까지 개념 없는 머리칼은 잘라야지, 싹둑 잘라 버려야지 무릎으로 깨친 세상, 새김질로 일떠서자 흐르는 그늘에 빠진 헛꿈일랑 툭툭 털고

질투도 가진 자의 것, 그마저 다 놓을까?

기리에를 위한 변주

♯ 아다지오

뒤척이는 새벽바람에 미시간호 기침하나!
 알비노니 시틋한지 아내 저리 초점 잃고 911 앰뷸런스에 제 몸 뉘어 가눈다. 파란 눈 껌벅이며 등 떠미는 흰 가운아! 난 애타게 무릎 꿇고 두 손 모아 비손하다
 메스 쥔 시간 뒤에서 겨우 고개 내민 거다.

♭ 라르고

템스강물 흙탕 친다, 헤식은 말 높낮이에,
 서울발 레퀴엠을 선착장에 매여 놓고 해종일 수술실 앞에서 그 수위를 재고 있다. 빛바랜 지붕 위로 실비 소곳 흐느끼다 목이 쉰 음표들이 맴도는 이명에도
 속 텅 빈 산소통 지고 하나님만 복창한다.

♮ 그라베

강남 병원 저녁나절은 왁자지껄 명절이다.
 컵라면 김밥 한 줄 추스른 허기 앞에 수련의(修鍊醫) 볼멘 진단이 정수리를 내리친다. 남은 온기 붙움키려 날숨소리 한껏 낮춰 CT 터널 어둠 털고 한 올 빛을 움켜쥘 때
 수묵 빛 하늘을 열고 수척한 새 햇귀 물까?

✝ 콘체르토

이십 년째 흉통이다. 시한부 육 개월 삶.

흔들리는 촛불 잡고 손금 닳아 앉힌 광배엔 여전히 꿈틀거리는 뱀의 혀 날름댄다. 자칫 허방 빠질까 봐 몸서리로 톺아보고 꺼질 듯 이어지는 좁은 미로 헤쳐 가며

검을 현(玄) 가늠 못 하는 천로역정(天路歷程) 넘는다.

세렌디피티(Serendipity)*

배는 등가죽 붙고, 물 먹은 몸 천근만근

현기증에 멍멍하고 먹잇감 어른거려 숨으려 해도 제자리걸음, 실 뽑는 일 제쳐놓고 발광하듯 도는 거야. 끝 간 데 없이 돌다, 돌다 떨어지는가. 그나저나 희한하지. 놓아버린 정신으로 불식간에 만들어진 거미집이 왕대박일 줄 상상이나 했겠어요? 천야만야 비싼 값에 사겠다고 줄을 섰어, 줄을 섰어. 아마존서 오로라까지 없는 게 없다면서. 알라딘이 부러워해. 미친 거지, 다들 핑핑 돌았다니까. 하늘에 맞짱 뜰 만큼 돈벼락을 맞은 거야.

어딜 갔나? 아날로그, 숨어버린 신경세포
에이아이(AI) 앞장세워 저 스스로 갇혔는가?
못 옥죌 광속 전쟁이 블랙홀에 빠지게끔

www(world wide web)
요란해질수록
허기 점점 더하고.

* 우연히 중대한 발견이나 발명이 이루어지는 것.

굴레를 벗다

사막 한끝 길 잃었다, 지그재그 비틀걸음. 소리 삼킨 모래바람 곤추뜬 눈 허둥대다 아뿔싸! 저뭇한 밤에 뒷덜미를 잡혔다.

오목가슴 분노마저 죄란 걸 몰랐을까? 폭풍 속에 살아남을 그 해법을 잘 알면서 키르케고르 혀 도마에 감염되어
껍데기 그림자 털고 구렁텅이 빠져든다.

장엄한 저 그림판을 못다 채운 조각들로
미완성 무게만큼 아쉬워 아쉬워하다 등 떠밀린 별똥별이 엉겁결 유언도 없이 서방정토 행로 여태 니르바나 턱밑인가! 덧없어라, 덧없어라. 가리사니 앉힌 하늘 삼도천 물결무늬 차디찬 명경대(明鏡臺)에
얼비친 파노라마가 갈림목을 뒤흔든다.

괄시(恝視), 그 메타포

달걀가리 거푸 하다 관절 뚝뚝 꺾인 채로

　사부주 팽개치고 시새움의 눈빛 세운 수전증 저 스토커가 건밤 그리 새운다고 들머리 감춘 문장이 덩굴지어 올라올까? 질투의 깃털 모아 민낯 겨우 면한 얼굴이 포장된 간판 위에 무지갯빛 박음질로 밤도와 퍼덕인다고 서리병아리 하늘 날까? 난 알아요. 깜냥깜냥 홀로 서지 못하면서 의지가지 목을 매는 정답 없는 이 바닥에 변말들 다채로워라. 변명같이 들려지는 세상이 다 그런 거지. 그런 거야. 뒷골 시린 눈빛 받고 박수할 손 사라지나 맥 풀려 주저앉아 굴절로 산 날들이 반사된 역광으로 천길 벼랑에 떨어진다, 떨어져… 물설어라! 구절양장(九折羊腸) 곤두선 저 뇌 주름들 비굴하게 받자 하다 칼 품고 눈 흘기는 가부좌 튼 연줄 앞에 이나저나 드난, 드난살인 걸 뭐

　망가진 이름 감싸줄 귀인(貴人)이 오긴 올까?

어느 N포 세대 모놀로그

 갈 길을 잃어버린 검은색을 적바림하고 수백 년 휘청거린 흰색을 찬양하라 논리야 신나게 놀자 오두발광 난장판에. 막소주 들부어도 지워지지 않는 통증, 육두문자 퍼부은 만큼 썩은 물이 솟구쳐요.
 뻐꾸기 어미·새끼들 그 입속엔 허풍선이.

 쑥부쟁이 모가지처럼 손쉽게 부러지는 벙어리 새의 부리 달 이마를 쪼아대고 멍든 밤 허튼소리들 별을 마구 흔드네요. 허허하다 턱주가리 왜? 하늘을 떠받칠까 녹슨 대못 하나 우두망찰 쏙! 빠진 날.
 자소설 목줄에 걸고 술 푸다가 토악질만.

 캐미돋아 썸을 타도 코 큰 소리 짜증 나요. 까꿍, 까꿍 취했나 봐 가슴앓이 건성으로 오줌보 터질 것 같아요. 생라면을 아작여라. 싸가지들 외면하고 헬 조선 이판사판 어깨부터 배짱이다 완전 올인 그림 될까?
 헐~대박! 로그인 성공, 방하(放下)라고? 웃기시네.

눈먼 거리 아노미

강남역 10번 출구
말문 여는 포스트잇

 그 누가 에덴(Eden)동산 잠 못 들게 들볶나요? 어지러운 불빛 속을, 절름발이 어둠 속을 붕~ 들뜬 분홍 코끼리탈 외롭지 않기 위해. 그 누가 핏자국이 번지게끔 흔드나요? 이브의 말부리로 최면에 든 아둔패기 너! 아담, 죄인이란 걸 아직 깨닫지 못하고. 그 누가 카인을 고개 들게 하나요? 허위 넘는 아수라판 화장발 가면들이 민낯을 감당치 못해 망상 분열 눈뜬 거기. 그 누가 하느님을 시험하고 있는가요? 먹잇감 몰아치다 천 길 나락 와락 밀친, 묻지 마! 리셋증후군* 상앗대질 재우칠 때

후두두! 비 듣는 거리
볕뉘 받아 꽃필 거야.

* 컴퓨터에서처럼 현실 세계에서도 리셋이 가능할 것으로 착각하는 현상.

마그마 광장

시무(時務) 읍소 마른천둥 하늘 마구 들깨워도 귀 닫은 모르쇠에 불티같은 깃발, 깃발… 광장이 이글거린다, 터질 것만 같은 화구(火口).

만장 펼친 앉은소리 해치 상이 울컥하고
차벽 뚫는 신문고가 스크럼을 미당길 때, 대학생 중년 부부 노인 서껀 유모차까지 가는 발길 옥죄는 저 태극 파도 왜 일렁일까? 국궁진췌 사이후이(鞠躬盡瘁 死而後已), 출사표 걸어놓고 한 치 벌레에도 닷 푼 결기 있노라고 울부짖는 눈빛처럼. 징소리 삼킬 만큼 뒷북 치는 패거리들 마타도어 처방전에 하 많은 장삼이사 헛발 딛고 궂긴 일을 어찌어찌 삭이라고? 이나저나 그만 좀 해요, 이제 겨우 등짝 덥혀 한뎃잠 벗었는데 땡잡은 듯 흘미죽죽이 귀한 시간 흘리잖아. 벌어진 틈 사이만큼 마그마 폭발하여 너나없이 궂기 전에 가슴 졸이는 풍촉 앞에 편 가르기 접어두고 눈 딱 감고 뭉치자고요. 제발, 제발…
우린 다 한 핏줄인걸
형제자매 두어 터울로

상처뿐인 악다구니 아귀다툼 멈춘 다음 짓무른 마음 고름 애오라지 고수려하여 턱을 괸 금빛 햇살을 올럭 다 해 펼지사고.

참회요일(懺悔曜日)

보이는가? 하늘이 연 햇귀의 찬란함을, 들리는가? 나이테에 주름진 햇발 신음을, 아는가? 지고야 마는 겨운 햇덧 아쉬움을.

月: 낙인찍힌 숨탄것이 귀엣말로 속삭였다. 갸륵한 바람들이 밤도와 꿈만 먹어 유달리 산통을 거른 첫울음이 터졌다.

火: 허기증에 담박질이 어찌 나의 일상일까, 쭈그러진 젖을 빨고 비루먹은 들개처럼 외로운 야수 눈빛으로 바람벽에 기댔다.

水: 그림자를 좇아갔다, 벽걸이 시간을 들고 앙상하게 가시뿐인 눈물마저 버무려서 켜켜이 시린 자소(自訴)의 가슴팍을 내걸었다.

木: 땅을 찾는 엄지 등엔 쳐든 턱 삭은 이빨, 잔뜩 벼린 눈빛부터 곤두선 머리칼까지 우련한 덫에 올무가 버틸수록 죄였다.

金: 검붉은 혀 놀림이 꺼당기는 무덤가로 부질없이 헛것들이 재단하는 주검 앞에 나뒹군 유언을 골라 경전으로 쳐들었다.

土: 역마살 낀 여원잠을 배웅하고 돌아눕는다, 피로를 갉아먹어 곰팡이 핀 관절마다 바람 든 심신 추슬러 레퀴엠이 발린다.

다시 日: 흑역사는 소리 없다, 다시 솟는 태양 아래 망각의 군상들이 어깨 걷고 빛을 턴다, 기도는 당신께 지는 거다, 가슴에 쌓는 거다.

참회도 가진 만큼인가? 각기 다른 하늘 아래.

웅장한 가슴앓이

들부어 말아주세요. 공정하고 공평하게

  샴페인 아재 술들 힙(hip)한 매력 꼭지 돌게, 하이볼 부드러운 맛 홀딱 해서 잠기게끔. 간판 버린 술집에서 의자 없는 맨바닥서 고급 와인 싱글몰트 과유불급 두루 섞어 콘텐츠 콜라보레이션 복세편살 에지 있게. 아니지, 그건 아냐, 이슬 끊고 짱 박혀서 몇 날 며칠 골을 쏟아 첫선 보인 유튜브에 좋댓구알* 목 뺀 탓에 하늘땅 노래졌네요, 웃픈 날 언제까지. 어이상실 킹 받는데 억까지만 마시고요. 일취월장 새김질한 MZ잣대 트렌드가 오히려 완전 좋아요. 낭만까지 살아있어. 젠더 간 세대 간이 다 같은 사람이야 삼권 만큼 반말 모드 뻥 좀 쳐서 때릴까요? 군침 싹 안줏거리에 캐주얼한 칵테일로,

  가슴이 웅장해져요. 와우, 넘나 감동예요.

* 좋아요, 댓글, 구독, 알람 설정.

Cul-de-sac 5
-발검(拔劍)

1.
휘청거린 행(行)을 가른 붉은 줄 섬뜩하다.
곧추세운 엄지 밑에 움츠린 목덜미들 무작위 겨눈 칼날 밥줄마
저 끊길까 봐, 구겨진 카드 명세서가 입안에서 비틀, 비틀거려도
쳐든 턱, 둥지 흘긴 채 말문 닫은 산이 되어.

2.
맹물탕에 잠든 속물 낡삭은 이 흔들리고
목구멍이 자꾸 보채 겹다, 겨운 말마투리
부르르 몸태질한다, 잔뜩 벼린 눈빛으로

꼭지 없는 과일처럼 머리 없는 짐승처럼
죽음마저 마다않는 잠든 울혈 소용돌이가
태산을 무너뜨리는가, 그예 우는 녹슨 칼로.

용의선상에서 굶주리는 각다귀들에 던진 날것 한 토막

아귀다툼 걸귀들이 한 나라 흔들었지.

 게걸스러운 그네들엔 배불뚝이 정상이라 허겁지겁 먹일 찾아 예까지 온 거라고? 땅의 속내 알지 못해 주둥이로 쏠린 양기, 비계뿐인 똥주머니 부패도가 코를 찔러 아무 심지 꽂아둬도 불길 번진 동탁(董卓)일까. 머리통 크다는 걸 으스대는 돌대가리 여측이심(如廁二心) 말갈망에 부처님 가운데 토막인 양 빙긋한 삶은 소대가리 유체 이탈 화법을 경청하라? 경계인지 경멸인지. 개판 오 분 전, 쥐새끼 한 마리 꿀통 굴린 거례 좀 봐. 깜냥도 안 된 놈이 우두머리 꿰차려고 우민들 눈 귀 싹둑, 양식까지 박박 긁어 피눈물 쌈짓돈을 감춰뒀네, 깊숙이도. 꼬끼오 꼭꼭… 닭대가리 울대 소리, 시건방진 혓바닥이 헛방놓아 지렸는지? 딴엔 메두사라 힘을 팍팍 주더니만. 데시벨 큰 나팔로 소란 떨다 누가 까면 끽소리 못 할 새대가리 쉴 틈 없이 고개 돌려, 돌려봤자 건질 게 뭐 있겠어? 떨거지 잡소리들 다 모이네, 꾸역꾸역 꼼수 모의하려는지. 속이 타는 동태 대가리 촐랑거린 동동걸음, 밑천이 어림없어 어찌어찌 뒷구멍으로 자리 꿰고 한풀이 설레발치다 깔축없이 그물에 걸려 옴짝달싹 못 하는구나. 제 새끼만 위한다고 동분서주 뛰었는데, 아가미 열어 두고 찍자 놓는 가벼움은 끝없네, 끝이 없어. 그나저나 꼴같잖은 상판대기 명품 옷에 보석까지 개품을 잡고 우쭐대지만 걸레는 빨아도 걸레일 티. 달도 차면 기운다! 오불 완판 메커니즘 그 한세상 지나가고 산화하며 스러지는 하얀 낮달 적막처럼 너희들도 지난밤엔 속이 구린 빛을 뿌려 골골샅샅 내려 봤잖아? 이제 아침 밝아오면 개소린 잦아들 때도 됐잖아.

 텅텅 빈 깡통 대가리들 관절 꺾는 뼈 소리지.

경멸의 근원

무시로 떠받든 척, 재갈 물린 패거리가

알량한 뒷배조차 불감당 터수라며 불쌍한 맘가짐에 등 떠미는 희생까지 옴치고 뛰지 못하게 바닥 탈탈 털어갔어. 그게 어쩜 지당한 듯 거들떠볼 겨를 없이 곱다시 아는 척한 얼굴빛도 거둬낸 채 휑하니 어디로인가 안개처럼 흩어졌지. 밑바탕 깊게 긁힌 알지 못할 흉터들이 열불에 데친 가슴 박탈감에 무릎 꿇고 한동안 꿈틀거리는 숨소리에 갇힌 거야. 어쩌다가 아닌 것이 도파니 당연한 듯이 예지자 귀띔인 양 베풀라고 얼넘긴 채 몰라라 팽개쳐 버리고 자취마저 감춘 건가?

우두커니 너를 훌쩍 떠나보낸 뒤에서야 칩떠보듯 하늘 닿게 으스대고 우쭐대다… 안 거야! 지나치다는 걸! 견딜 수 없을 만큼. 어수룩한 나의 틈새 윤리라는 잣대 앞에 쓸모라곤 도통 없는 양심이란 거울 앞에 등져도 약게 대하자고 다짐하게 만든 거지. 맹탕같이 거푸 하다 헤식게 무너질까 봐 밑바닥에 꿈틀대던 엄부럭이 고갤 들어 '돌아서! 기회는 많아' 속삭임에 시달리게끔

되돌릴 엄두 버린 채, 대못 박듯 척진 거.

4부

장사치 판치는 곳엔 비럭질도 사치래요

풍수지리 데카메론

  백악마루 남(南)을 보라, 봉황 어디 깃 펴는지.

  심장에 징 박은 놈들 조화인가 저주인가, 삼키는 놈들마다 끝이 영 가관이라. 물 건너 놀던 녀석 물 건너 도망치고, 총칼 마구 휘두른 자 총칼로 망하는가. 하늘 뜻 뉘 가늠하랴, 무주공산 탐식 꾼들 이놈 잡고 저놈 먹고, 무지렁이 잘난 척도 입만 살은 뻥쟁이도 불도저 노가다도 게 눈 감추듯 꿀꺽하니, 부자(富者)유친 꽃(花)피건만 이내 가슴 화(火)가 피네. 분토지장(糞土之墻) 저놈 보소. 민초들은 물론이요, 안하무인 상왕(上王)일세. 요지경 세상이라 머리 위 돈이 앉아 박사 사고 금배지 사니 정승판선 못살 건가. 도탄이란 알 게 뭐냐 글쟁이 굶어 죽고 '사'자 놈들 판을 치고 국민. 국민 떠드는 건 먼 나라 이웃 나라 바보상자 속병 앓나? 입만 살아 킬킬대고 주둥이 벙긋벙긋 옹얼대는 장단 맞춰 엉덩이 돌리는 건 어느 조상 후손인가? 후레자식들, 정감록(鄭鑑錄) 도선비기(道詵祕記) 같잖은 예언서에 사족 못 쓰는 꼴이라니

  하늘 땅 어우른 명당
  천지현황(天地玄黃) 창창(蒼蒼)할까?

용비어천반가(龍飛御天返歌)

세상 끈을 놓지 못한 과포장 당신에게

왕이시여! 천지 어디 육룡이 목 빼나요? 깊은 샘 연못이라 메마르진 않겠지요? 삼천리 면면촌촌에 기미조차 가려둔 채. 동해상 한 뱃길 따라 본관마저 뒤튼 건지? 바닷바람 할퀸 살갗 피눈물로 행군 건지? 헛이름 억하심사가 내로남불 골몰한 채

왕이시여! 정녕 한땐 당신을 좋아했어요, 무능하나 절대 선이 늘 굶주린 목울대로 충민을 우민이라 읽는 미꾸라지 용트림도. 땀 흘리는 의미조차 액자 속에 구겨 넣고 A4로만 읽히어온 허장성세 공중누각이, 미풍에 모래성처럼 흩날리고 주저앉아도

왕이시여! 안 그런 척 편 가르긴 어땠나요? 손 안 대고 코 풀기가 바람몰이 농간이면 촛불이 횃불로 번져 강토 몽땅 태운 건? 구더기가 슬어있는 부스러기 선심에다 제살붙이 갉아먹는 패역무도 개짓거리, 인 박혀 못 알아듣는 듯 핑계 걸쳐 패스한 건?

왕이시여! 뒤로 까는 호박씨를 몰랐다고? 정보 강물 넘쳐흘러 스스로 판 함정 안에 눈감고 야옹 하나요? 흠뻑 젖은 생쥐 꼴로. 잊히고 싶다면서 잊을 수가 없게 하는 그 버거운 훈장 달고 하늘 향해 깃 펼치다, 제가 뀐 방귀 냄새에 코를 쥐는 이무기로

왕이시여! 한 번도 경험 못 한 세상사라 뿌리 깊은 나무라고 뒤통수치진 않겠지요? 꼼수로 쌓은 스펙을 방패막이 여기게끔. 덜떨어진 명성보다 어깨 겯고 합 맞출 때 공덕문을 지운 만큼 석 자 이름 높일 것을, 막바지 한 걸음까지 고꾸라지지 않게끔

잊힌 듯 사신다면서요, 알면서도 나대나요?

공무도하가

그거 봐, 내 뭐랬어? 꺽꺽대지 말랬잖아.

눈물 콧물 쥐어짜며 맞장구칠 거라 믿었어? 에라 이 등신, 등신아. 교묘히 친 거미줄에 걸린 나방 신세라니까. 옆구리 찔러놓고 시치미 떼는 무리, 달려드는 고라니쯤 대갈빡만 터지겠지. 어둠의 틈서리 노린 쥐 떼 같은 패거린데. 이해는 해, 네 발버둥을. 통곡의 강 건넌다고 눈 까고 혼절하다 술 취한 뱃머리서 목젖까지 흥건하게 남의 탓 되우 하는 지지리도 못난 병신, 질긴 인연 놓지 못해 처참히 처참하게 하늘로 간 강물 찾아 따지겠다고 스스로 죽는 좀비 같은 이 귀신아. 부질없다, 다 부질없어. 꿈같은 네 봄날이 다시 오진 못한대도 억천만겁 되짚으며 한 발짝, 한 발짝씩 내디뎌야 하는 거야. 가슴 배, 머리로 된 삼위일체 세상사가, 따로 노는 이율배반이, 다르나 같은 거니까

한 핏줄 뜨건 가슴[love]으로 꼭! 끌안을 수밖에.

여의(如意), 여의할까?

낱낱 발긴 췌물(贅物)처럼 흐릿한 면면 하늘

관세음 주장자다, 용(龍) 턱 아래 여의주다, 황제 권위 막대기다, 손오공 지팡이다, 손닿지 않는 곳을 긁을 수 있는 효자손이다. 흑과 백이 뚜렷하고 땅과 땅이 갈라진다. 천지 만물 쥐락펴락 절대 힘에 굽실대다 언제 우리 변했는가. 가는 길이 올바른가. 한 치 앞 누가 알까? 그것참, 그것참! 갈팡질팡 혼돈 속에 깜냥대로 굴러가나. 황사 짙어 쿨럭이고 역병 마구 휘저어도 제 잇속만 챙기는가. 너 아니면 만사형통 나랏일은 외면하고 어느 장단 춤추던지 번지르르 대박 허풍 인기도나 재어볼까. 부모·형제 알게 뭐냐, 제 살길 뚫어놓고 남 안 되길 비는 나라, 백두에서 한라까지 혼용무도(昏庸無道) 자욱하다. 두드려라. 맘껏 실컷, 내리쳐라. 시원하게. 길상흉조(吉祥凶兆) 여의할까? 아누루타* 외쳐대라.

쓸모를 팽개친 허울, 그리 애써 붙잡은들….

* 부처의 십대 제자 중의 하나 Anuruddha, 여의관음.

처용, 그 무언가(無言歌)

움푹 꺼진 눈두덩이 일자(一字) 입술 코 큰 사내

속살 보인 횅한 공원 곁눈질로 힐끔대나, 돌진하는 긴 다리가 흩어지는 물방울을 가혹하게 짓이기나. 약한 자라 밟히고만 산 날의 앙갚음같이. 빗줄기가 등뼈를 비듬 하게 시침할 때 실개울에 뿌리 걸친 무지개 끝자락이 신기루길 바라는지. 아열대 몽중몽에 얼마나 허우적댔나. 할 수 있어, 할 수밖에 없다고. 먹구름에 등 떠밀려 침묵으로 도배가 된 금빛 대문 앞에 주저하다 발톱 세운 길짐승이 누런 이빨 드러낸 건 길길이 뛰는 것이 유일한 살길인 양, 헝클어진 머리칼을 손가락이 위무하듯 빗방울을 툭툭 털고 발효될 살덩이들 반란을 잠재우려 막! 오른 검지 드는 그거….

한바탕 삿된 휘몰이로 주린 배 채운 그거….

길 잃은 철새처럼, 말을 잃은 야수처럼 독기 오른 리비도가 감투거리, 빗장거리… 품방아 누린 삼욕(三慾)마저 사랑이라 말할 건가?

웬 호들갑?

　수탉이 구멍가게엔 왜 나들어? 뻔질나게

　아랫도리 부실해서 장거리도 못 뛰는 게, 머리통 허투 잦히다 목뼈마저 삐끗한 게. 산불은 마른 봄에 홍수는 늦여름에 번개팅, 숏타임으로 매독균이 들붙었나? 그래, 그래, 그렇구나. 맥없는 이파리가 수맥마저 내친 가을, 무서리 찬바람이 황폐한 땅 할퀸 겨울, 불덩이 깜빡한 그날 그래, 그때 너는 울었잖아. 수탉이나 남성 심벌 다 같은 어원이라[cocks] 반 박자 빠른 반응 들깨우고 집적대더니, 끝났어? 약만 바짝 올려놓고 푸욱~ 꺼진 번데기네. 시도 때도 없이 올라 전희는 요란 화끈, 불끈 달다 피식! 시든 턱도 없는 궁상이라 오죽한 닭대가리가 첫새벽에 왜 울겠어? 수탉 · 암탉 한 울타리 볼 비비고 있어봤자 창살 없는 감옥이라 무정란만 뽑아댄 뒤끝 이름만 번지르르할 뿐 햇살 몇 톨 튈까 몰라. 부질없다 양기 잃는 허우대를 끌어안고 가지 밭, 갯벌이든, 레즈비언 게이든지 이 목청 알람 아냐, 네까짓 것 하는 절규, 울부짖는 경고라고. 누울 자리 봐 가며 다릴 뻗지 무턱대고 대가릴 미는 짓은 제 무덤 파는 거야. 판세조차 못 읽는 고진들의 싸움닭 같다니까…. 질퍼덕한 갯벌 곳곳 조개들이 애가 타서 게거품 질질 흘려 숨이 넘어간다는데

　암탉이 고추밭에는 왜 자꾸만? 남세스레.

파묘(破墓)하다

몇십 년 접고 나서 다시 거둔 시신 두 구

 쇠뜨기에 칭칭 감긴 어머니 헛웃음에 도대체 아버지는 왜 저만치 누우셨나요? 뭐 그리 삐치셨는지? 비뚜로 등 돌리고 구시렁대는 입술마저 수맥에 밀려 나가 해독 불가 상형문자 덕지덕지 들붙어서 모았던 두 손 맥없이 앙버티다 풀린 채로, 거부하는 이빨들만 오롯이 그냥저냥 잠벌(暫罰)을 면치 못해 명계를 떠돌다가 땡볕에 적나라하게 미라인 양 오셨는지. 한지에 고이 담아 천지신(天地神)에 제(祭) 올릴 때 그렁대는 눈물의 말 주절주절 쏟아놓고 울컥한 불길 혓바닥 한 줌 재[灰] 건네받아 지나새나 곡두같이 얼음장 가슴에 안긴 따스한 달항아리 온기마저 떼어내고 한울님 안식의 집에 모셔둔 그 후부턴 불면 속에 옥죄이던 밤의 가위 벗어나고 집 안팎 만단수심 가뭇없이 사라진 건 플러스 우주 인력(引力)을 신밀하게 받은 걸까?

 오묘한 괘(卦)·효(爻) 숨결이 꿈틀대기 때문일까?

 죽음 겯는 삶의 어록 어쩜 같은 로고스라 흙이 곧 너이고 네가 결국 흙인 것을 땅 기운 하늘 닿은 건지 하늘 몰래 내린 건지
 21g 그 무게주차 허둥대는 절대 공간 태극까지 닿지 못해 행간 밖에 내쳐지고 누구나 다 흘러버리는 파토스로 머물다가
 이리저리 더듬이 세워 뿌리 꿋꿋 중심 잡고 지심(地心)에 우뚝 서있는 거목이라 할지라도 어차피 먼지가 되어 바람 속 헤맬 것을.

지난여름 안티고네

매지구름 먹비 몰아 교수실 창 두드리나.

옐로스톤 가이저(geyser)가 하늘 울다 지친 소리다 된장 냄새, 페튜니아 향기 뒤엉킨 방 한 켠 서류함 먼지들이 수런수런 줄행랑치자 오래된 우편물에서 고서적 군내가 진동하고 발광하듯 잦아지는 기침을 이기지 못해 지척의 중환자실로 직행하여 어제 맡겨둔 각주와 몰려드는 통증 사이에 아무 일 없는 사람처럼 파운데이션 바른 그 두께만큼 눈자위 더 꺼져간다. 바깥 대기실에선 멍한 눈망울들 킥킥거리며 웃음만 기억하는 꽃잎들은 절대 낙화하지 않는다고 자신만만이다 그것참… 화장실로 뛰어가 구토하는데, 속엣것이 없어 유지매미 막판 구애를 닮아가고 유난히 많은 눈물이 입속에 들어가서 코로 나오고 다시 목구멍으로 신호등 없는 혼란이다 꺼억~꺼억 가슴 쾅쾅 치며 승리한 듯 싱긋이 엄지. 중지 동그라미 만들어도 승자란 하늘이 내는 것,

해밀* 놀 눈먼 잠자리 떼 날갯짓이 어지럽다.

* 비가 온 뒤 맑게 갠 하늘.

목대잡이 엉너리

시시포스 등짐 진 채 죽지 못해 견딘 하루

배밀이 앵벌이 돈 몇 푼까지 닥닥 긁어 제살붙이 돕는다고? 굶주림에 잔뜩 허리 굽은 썰렁한 밥상머리 식솔마저 팽개치며 홀딱 벗어 주겠다고? 기막히고 코가 막혀! 쓴소리 들끓는 곳, 귓밥을 밀어내고 붉은 새 떼 진을 쳐요, 속이 다 뭉개지는 목대잡이 알랑수에 뉘가 감히 맞짱 떠요? 나 원 참! 안팎 다른 집안 호랑이 바깥에선 왕따에다 피땀으로 쟁여둔 거 승냥이들에 뺏기고도 놀림감이 될 수밖에, 느닷없이 명줄 놓고 두 손 바짝 들 수밖에…

제발 좀! 뻥까지 마요.
남 탓 되우 마시고요.

부엉이바위 별사(別辭)

언제까지 맴돌 건가? 회오리 속 낙엽 하나

너럭바위 아침놀에 짐의 속내 사뭇 허수하다 아랫것들 보수 꼴통에 꼬여 등 돌리고 왕실 허물 까발리고 코쟁이와 비밀 거래 떠벌리는 꼴 이리 깽판 쳐도 괜찮은가? 중전이 은덕 모르면 인두겁이 아깝다고 밤도와 술주정에 열 받는 데다 깜냥도 안 되는 것들마저 이마에 낙인찍고 가슴에 대못 박아 낙목한천 개털 신세라, 개털 신세라… 세상 똑바로 보자고 눈까지 까뒤집었어도 통빡 그리 굴려대며 막가자는 켯속 측마저 없는 세월, 도파니 아둔패기 가납사니 들창눈이 어중대기 궁싯대며 내 탓이다, 내 탓이여 곱다시 연기가 되어 삼도천 저편에서 기다리라, 기다리라.

먼 절터 귀 닳는 하늘
화엄 언제 앉히나?

허공에 삽질하기

아무리 짖어봤자 달라진 건 하나 없어.

뽕 맞은 뒤끝인가 뜸베질로 날뛴 여인, 종 부리듯 고래고래 비행기 돌려세우다 부메랑 마카다미아에 콧대 한풀 꺾여도, 검은색안경엔 검은색만 보이는지 눈을 까고 기승떨더니… 헉! 긴 머리칼 외로 비스듬히 늘어뜨린 채 고개조차 못 들고 처량한 척, 속죄한 척, 바닥을 기는 모습 가소롭다, 가소로워. 지나 새나 벼린 칼로 낯짝 하나 깔아뭉갤 의뭉스러운 그 돈다발 강다짐이 동티났나? 고두리 놀란 새처럼 땅까불만 여념 없이.

"넌 내게 굴복할 거야"
뒤돌아서 꼬는 입매

불협화음 기러기 떼 북악마루 흔들어도 귀 막은 저 가부좌는 선문답만 던져놓아 뒤엉킨 밤하늘 길을 언제쯤 밝힐 건지?

강남 녹턴

　가로수길 출렁인다, 들고나는 혀끝 무게, 맛 지도에 흠흠하다 애옥살이 떨쳐낼까? 흐벅진 곡선 세우러 들썩이는 턱관절. 시든 햇살 줄을 퀜다, 우멍한 그 눈빛으로 립스틱 엷게 번진 카뮈 촉수 높낮이에
　밤으로 벙글 장미가 향수 톡톡 덧뿌린다.

　로데오가 눈을 뜬다, 쇼윈도를 핥는 샛별, 제집인 양 문을 여는 화장발 모모스*가 살쾡이 걸음 재우쳐 굼뜬 달빛 내다 걸 즘. 청담동이 턱을 괸다, 더듬이 성벽으로 대거리를 잊어버린 수양어미 곁눈질에
　황황히 이내 낀 섬에 비수 몰래 숨긴다.

　폭탄주 잔 부딪친다, 돈 후안 어깨 겯고 타는 화기 단근질에 달아오른 모루처럼 붉게 단 꽃술을 털고 땀방울로 아린 시간. 기름기가 번지럽다, 입단속 대못 박는 널브러진 비곗덩어리 꿈틀대는 동취 땜에
　배고파 늙어 가는 밤을 움킨 손길 메뜨다.

　서툰 하늘 뒤엉킨다, 주변머리 곁눈질에 이슬 묻은 손등어리 뜨건 입김 느꺼운지 욕지기 꾹꾹 누르며 귀먹은 어둠 뚫고. 새벽안개 파헤친다, 다가서는 얼굴 하나 언젠가 그 이름에 고운 꽃씨 심었어도
　무자위 퍼 올린 세월이 바람으로 흐른다.

＊ 모두가 빛. 모두가 가짜인 인생을 살아가고 있는 사람을 일컫는 말.

꼴뚜기 소명(疏明)

구차하다, 이 한목숨 오 씨가(烏氏家) 지키려다

서자로 태어나서 뜀박질로 단련된 몸, 포위망 교란하는 거 여반장, 여반장이라. 아뿔싸! 부처님 손안인가 소용없고 어이없네. 놔라. 놔. 이놈들아. 팽형(烹刑)이 모자라서 파, 마늘, 참기름, 고춧가루 화학 무기 총동원해 조상님 전 물려받은 얼굴까지 더럽히나, 열 개 다리 비대발괄 발버둥질 빌어 봐도 손가락질 쌍욕마저 내 탓이라 새새덕대니, 코 막히고 귀가 막혀! 어정뱅이 자리잡는 불감당 저 싹쓸이에 생목숨 다 꺾이는가. 어물전 개망신이란 누명까지 덮어쓰고

꼴값들 한 상 차렸나, 제 처먹기 바쁜 놈들.

서울 마리 앙투아네트

색맹들 사는 도시, 불꽃 점점 어지럽다.

서울의 핏빛 하늘 꺽 꺽 목쉰 절규에도 손발 꽁꽁 묶인 채 치도곤을 당하고 있소. 매타작한 뒤 단두대로 몰겠지요. 구호가 난무하는 악다구니 맹목인가 목숨 줄 끊어질 것 같아 어마지두 천하무적 단판을 신청했소. 연푸른 모자를 쓴 섬의 도깨비가 길목마다 사사건건 딴전 피워 죽기 살기 판가름인데. 아뿔싸! 어처구니 독 바르듯 방심 사이 시종 줄줄이 덜컥 수에 휘말리어 루비콘을 건넜다오. 도와는 못 줄망정 쪽박이나 깨지 말지, 어떡해…, 어떡하지? 입만 남은 새 떼는 제힘으론 아무것도 못 하면서 게거품에 남 탓으로 날을 새다 조장(鳥葬)하듯 한꺼번에 달려들어 물어뜯는다오. 상쇠라도 불러들여 거방지게 굿판 벌여 액땜이나 할까 보오. 펄펄 뛰는 팔로워들! 판도라 밑바닥에 꿈틀거리는 한 톨 푸른 씨앗을 가다루는 안간힘을 알아주오. 억울해요. 난 너무 억울하다오.

천외천(天外天), 먹빛 영토에 불길 점점 드세고.

옹색한 갈채

감투 쓴 헛똑똑이 춤을 추네, 언죽번죽

 적바림 낙필(落筆)마저 명문으로 둔갑시켜 이름값 높인다고? 뒤꿈치가 머리 되어 과부하된 두골 위에 가관스레 벼슬까지 얹혔으니 품품 잡고 판치세요, 강요된 박수갈채 허울 참 좋지만요, 환멸감 왜 느낄까요? 그러게요. 어찌 된 켯속인지. 바늘귀 낙타 들듯 불가상성(不可想性)이 바닥에 얼키설키 금니박이 만사 저리 형통이니 대단해, 대단해요. 솟을무늬 모자 쓴 게 그댄가요? 희끈거린 흉통으로 자존감이 무너져도 제멋대로 만드는 게 여반장이고 역사란 힘 있는 자 기록이니 세상 이치 다 그런 거 아닌가요?

 장사치 판치는 곳엔 비럭질도 사치래요.

5부

어디에도 가둘 수 없는 페르소나 그림자

사라진 광장

 허겁지겁 찾은 일터 초연 아직 스멀대고 패잔병 움푹 팬 눈 언어마저 잊었는지 맴도는, 맴돌다 지친 바람으로 반긴 그날.

 멍멍하다 빈 허울들 포화 마구 짓밟고 간
 시멘트 뚫고 나온 망초 등진 잠자리 떼와 철 지난 매미들, 전쟁의 야사 몇 토막을 양달쪽에 널어놓고 종탑 그늘로 기도가 내려오길 기다리다, 기다리다 점령군이 가져간 맥놀이 내 심장을 아등바등 꺼내는데 하늘땅 뒤집힐 듯 자꾸만 흔들거려, 자꾸만 흔들거려
 옥죄는 저 손 누군가? 뼛속까지 축축하다.

 어제 둔 것 꺼내 들고 탓도 하고 다짐도 하다 십 년 같은 나절가웃 힘껏 다한 몸부림이 거먕빛 광장 되살릴 한 톨 불씨 지핀 건가?

무반주 랩소디

외줄 타는 은빛 날개 남가몽(南柯夢)이 설핏하다.

손 시린 우물물에 말끔히 몸을 닦고 하늘 간 누굴 찾으려 그림자로 헉헉대나. 타다 만 마그마 불티에 뭘 그리 벼리자고. 그 그림자 이름 잃고 산등성이 앉았는가. 비우고 물기 빠져 껍질마저 벗겨진 채, 두 팔로 어깨 겯고 몇 광년을 한순간에. 육탈 된 강대나무는 죽어도 다시 살자고. 비웠나? 저 허수아비 허허벌판 외돌토리. 소소막막 길목에서 옴팡눈 부라리고 달구치는 텔레파시 가리 트는 바람 속에 그대는 내 안에서 나는 그대 안에서

둘 함께 한 몸이 되어 은하 하냥 맴돌자고.

파르티잔 펠리컨

새인가? 바람인가? 어마무시 날갯짓에

완장 찬 저 부리들 후안무치 트집 잡고 게걸스레 턱주머니 출렁이며 들앉는 날, 흔들어 무엇이 되나요? 입만 산 철새처럼, 하늘 향해 고함쳐요, 루시퍼 내 동무야, 새 술은 새 포대에 적폐 청산 시작이다. 드잡이 전문가라고 번듯하게 솟구칠까, 땀의 의미 무시하고 인심이나 펑펑 쓰자 내로남불 왕왕하여 쓰나미도 피할 거다, 삿대질 고함 저리 청사 길이 울릴 거다.

목구멍 포도청이라 쓰잘머리 없는 걸까?

술 취한 하늘

약이면서 독이라는 잔 뒤엉켜 부딪친 날

맹물이 포도주로 변한 기적부터 포도주 피가 되는 최후의 만찬까지 생명수 발효 변신으로 꽁지 찌든 하루살이 꼴값들도 권주가를 출시하나? 뒤섞어 단숨에 켠 출처 모를 술기운에 이름 따로 나뒹굴고 안면 없는 바닥이라 술이 마신 사람들의 혼미해진 주정들로 업그레이드 청사진을 다채롭게 펼친다고? 어질병이 지랄병 돼도 원수같이 지낸 세월 툭툭 털고 일떠서서 스크럼 짠 너스레가 독이 곧 약이 되는 별천지 일궈낼까? 정녕 그땐 사랑인가? 취한 노아 일탈일까? 권커니 잣거니 붓거니 취하거니…

하늘이 내려앉을까? 잔에 담긴 인생처럼.

파생상품 이삭줍기

수만 갈래 꼼수 쓰고 이 땅 마구 들쑤시나.

어떤 엇셈 속가량도 그림자 게임이라 자빠져도 대박, 대박 짜고 치는 그거예요. 야바위 덜컥 수로 사방팔방 함정 파고 마구잡이 땅따먹기 우민 혈세 쥐어짜기 날조하고 뻥 때리기 족치고 비비 틀기 역사까지 바꿔놓기…. 상관없어! 신경 좀 꺼 줄래요, 어루꾀는 카멜레온 변장술에 누구든 다 쓰러져요. 폭탄은 넘겨주고 안 그런 척, 모르는 척 훗날 후손 걱정일랑 잡아두고 생까는 걸

혼돈이 돈이랍니다, 꼬깃꼬깃 구겨 넣은.

독도의 꽃

벼랑길 불 밝히는 길라잡이 섬초롱꽃

들풀까지 제 것으로 만들려는 일제강점기 억지에서 외딴 염*에 자생하는 귀한 꽃의 이름마저 바꿔버린 창씨개명 침탈 후손이 제 아무리 다케시마라 짖어 봐도 어렵사리 뿌리 내린 우리 땅의 터주신이요 다소곳한 등불이라. 아무렴, 그렇고말고. 태극기 그늘 밑에 들고나는 멀기 따라 왜바람에 시달리며 포효하는 바위, 암초들이 난·한류 교차하는 극기 전선에서 만고풍상 닦고 겪은 이 작은 풀꽃엔 누가 뭐래도, 어느 누가 이악스레 떼거리로 막 덤벼도…

시큰둥 괭이갈매기 놀빛에 귀를 씻네.

* 바윗돌로 된 작은 섬.

이게 아닌데

현란하다 요리사여, 공든 탑 무너질라.

국적 불명 음식인가? 종잡을 수 없는 손맛, 사방 천지 길을 잃고 겉멋에만 휘둘리어 무엇을 만들려는가? 얼치기 숙수 같아, 성성한 그 머리칼로 신발 삼아 에돌다가 바람막이 갈잎처럼 하냥다짐 꺼억, 꺼억! 울다 편년체 단꿈 당신께 쥐코밥상 올리려 하오. 부사든 형용사든 세상 모두 식감이라 조율조차 못 했어도 골고루 버무려서 거덜 난 언어 울음 버려둘 순 없으니까, 버리지는 못하니까, 퉤 퉤…

시들픈, 버린 장담마저 혼자 저리 버티는 날

강 거스른 풍랑 속에 욕지기 꾹꾹 참고 어깨 겯고 울력 다 해 소용돌이 벗어나도 뱁새가 발버둥 친다고 황새가 될까 몰라.

늑대의 광장

어처구니 붉은 이마 하늘 땅 삼킬 듯이

나라 위해 싸우다가 귀한 목숨 바친 건가, 가난한 이웃에게 밥 한술 주었는가? 쇠 파이프 삯꾼 목자, 금테 두른 곡비들아 마기말로 네 집이냐? 안방처럼 언제까지, 삿대질로 감춘 식솔 기러기 아빠라고? 전셋집 버블 세탁 억만금 어디 두고 피땀 흘려 거둔 알곡 경배하며 올리라고? 기막혀라, 기막혀! 환장지경(換腸之境) 블루스에 공든 탑이 무너져도 코 큰 소리 그 입술로 돈을 쭉쭉 빠는구나. 불끈 쥔 주먹 구호 싹쓸바람 부르는가. 금준미주(金樽美酒) 흥청망청 종살이로 가려는지 각다귀 철면피들 땅거미를 거두는 날, 꼭꼭 숨은 선지자는 어제 탓에 골몰하여

툭! 하면 불거진 종기 몽금척(夢金尺)에 꿰맬 건가?

서울 돈키호테

둘레시아! 잔인해도 4월은 봄인 것을

 기다려요, 녹색 바람 미세먼지 꽃그늘을 뒤덮어도 틈새 저 어디쯤 편히 숨 쉴 맑은 하늘 있을 거요. 쓸모없이 힘 보태는 보수 골통들 시시콜콜 훈술 놓아, 훈수 때문에… 아뿔싸! 방심 사이 덜컥 수에 휘말리어 엉망진창 되었다오. 도와는 못 줄지언정 쪽박이나 깨지 말지, 그것참! 풍차 지붕 아래 입만 살은 새 떼들이 제힘으론 아무것도 못 하면서 조잘조잘 남 탓으로 날을 새니 상쇠라도 불러들여 거방지게 굿판 벌여 액땜이나 할까 보오.

 망초꽃 피우기 전에 제초제나 뿌릴까 봐.

낙타 신드롬

모래를 떠난 발자국 도시로 온 낙타 한 마리.

나도 몰라 어디인지 코로나 궤적을 좇아 고개 세워 빌딩 안팎 당당하게 들랑대도 어느 뉘 막아섬 없어 유유하고 거방지다 속눈썹 길 틔우고 콧속 깊숙이 흠흠하다 도시의 살냄새에 날숨 아연 헉헉 댄다, 등에 진 쌍봉 혹에 가득한 울혈 넘쳐 흐너지나 흐너지나. 나는 코앞 오아시스 외면한 유랑자다 나는 먼 달 속살마저 태워버린 무뢰배다 불가물 골목 달구며 바이러스 날쳐댄다, 이리저리 날쳐댄다. 틈새 비집고 깃을 치는 저 감바리 재바르다 검기울어 궂긴 냄새 스멀스멀 번져나다 한소끔 흥건한 목비에 성깔 한껏 눅눅하다.

휩쓸고 지나간 거리, 오금 다시 바람 들고.

틀니 외전(外傳)

헌 이 줄게 새 이 다오, 북악산아 후여, 후여.

오복이다 조상님께 받은 이빨 이리저리 마구 굴려 이놈은 저놈 씹고 저놈은 이놈 씹고 잘근잘근 이유 없다 감옥 가라, 푹 썩어라, 물어뜯고 짓이기고 무엇 하나 성하겠나? 용불용설(用不用說) 아니라서 쓴 만큼 상하는 걸, 각자무치(角者無齒) 잘나고도 못난 것들, 신경치료 안 하다가 치도곤 당한 후야 흔들흔들 난리 친들 이빨 언제 돋아날까? 틀니 전문 성시라네 아말감, 금은, 백금, 종류도 다양하게 신기술에 임플란트까지…. 아이쿠! 허리 휜다, 허리가 휘어. 비싼 것이 장땡이라 튼튼해야 또 씹는다고 치과 저리 두드리네, 똥배 두드려, 선거철 구호에만 국민, 국민 하지 말고 민본으로 갈고 닦아 잇몸 튼튼하시게나. 금강석 의치 한다고 이무기가 용이 될까?

저작도 아귀가 안 맞네,
북악산아 후여, 후여.

색안경 텐션

눈이 먼 용달차가 마이바흐 흘겼다고?

자발없이 저 사모님 앰한 사람 멱살 잡고 어깨들 앞장세워 홉뜬 눈길 서늘하게 피투성이 몸뚱이에 돈 몇 닢 휙! 적선하듯 콧방귀로 등을 돌려 색안경 끼고 있다. 우악스레 거들먹댄 어느 별나라 행패인가? 널브러진 초주검을 좍좍 쏟는 작달비가 쓰다듬고 쓰다뉘. 복장 터질 길섶 너머 어쩔거나, 어쩔거나… 짓밟히고 뭉갠 풀꽃, 민들레가 증언할까? 밤 지샌 햇귀 한 톨 훈풍 가득 보듬어도

씨방 툭! 흰머리 풀고 갓털 훨훨 하늘 간다.

성탄전야(聖誕前夜)

어둑발이 지하도를 헤집고 들어설 때

귀가 잘린 고흐가 입이 비뚤 뭉클 만나 눈으로만 인사하며 여는 침상 덮개 라면상자 안엔 기리에가 먼저 와 기다린다. 은혜마저 비끼는가? 축복받은 자들이여, 조아려도 자선냄비 행렬들이 외면한 채 얼음 박힌 두 뺨을 핥고 가는 찬바람이 고드름 눈물에다 먼지마저 흩뿌린다. 노엘, 노엘 임마누엘이여. 해치 광장 해태들이 불덩이를 삼켜버려 맹추위가 기승떤 휑한 거리로 영광찬미 노랫소리, 반짝이는 오색불빛에 응답하신 하늘나라 만나(manna)일까 구원의 징표일까, 눈송이가 갈팡질팡 앉을 곳을 찾지 못해 휘돌다, 휘돌다가 사라져간 저 깊고 컴컴한 어둠 속으로…

종소리 요란을 떨며 꽁무니를 쫓는다.

新 품바

내사 마 돌아삔다, 성한 목숨 와 끊노?

이 문디야 내가 뭐 우쨌다꼬 지랄이고? 그리 미꾸라지처럼 안 살아도 입에 거미줄 안 친다, 아나? 뭐라꼬? 밥 묵고 살라믄 힘센 쓰레기 같은 놈들 바짓가랑이나 잡고 살려달라 무릎 꿇으라고? 세월 잘 만나 출세하고 우짜 꼴값 떨어 떵떵거린다고 와 글마한테 구걸하노? 아무리 글 쓰는 걸뱅이라도 와 굽실거려야 카노 말이다. 내사 마 혀 깨물고 죽는다 캐도 그리는 몬한다, 몬해!

대소렴 성복할이도 곡(哭)도 없이 바람만이.

희수(喜壽)에게

어둑서니 커진 만큼 빈자리가 헛헛하오.

시나브로 잊힐 이름 느닷없이 앗진 마오, 앗진 마오. 가야 할 길 아직 저리 아득한데 주름골 깊어지고 육신마저 어눌해도 어디에도 가둘 수 없는 페르소나 한 그림자 다 지워질 그때까진

끌올도 다 부질없소, 그냥 절로 흐르게끔.

■□ 자전적 시론

사설시조의 시적 대상을 넓히는 첫걸음

정황수

　시조는 우리나라 고유 문학이다. 엄격히 말하면 문학이란 장르보다 음악 곡조를 나타내기 위한 가사다. 음악적으로 언어를 촘촘히 엮었다는 뜻일 거다. 그래서 시조의 시(時)는 한때를 나타내는 시절의 단면으로 이해되고 말의 탑을 쌓는 시(詩)와는 구분되며, 조(調)는 음이 배열되는 원리를 말하는 것이기에 어찌 보면 문학이란 장르에서 좀 벗어난 듯해 보이기도 한다. 그래서 시조는 시절을 나타내는 가사라는 의미에서 시절 가요 또는 시절가로 통칭한다. 고려 말부터 발달한 대표적인 3장 6구의 정형 시조는 반주 없이 일정 가락을 넣어 느릿하게 부르는 시조창에서 비롯한다. 그래서인가, 아직도 시조에서 가장 중요한 필요조건은 율격이라고 말하는 이들이 대부분이다.

그러면 시(詩)는 무엇일까? 국어사전을 찾아보니 '정서나 사상 따위를 운율을 지닌 함축적 언어로 표현한 문학의 한 갈래'라고 적혀있다. 결국 시나 시조나 운율을 지닌 함축적 언어들이니 넓은 의미에선 같은 부류의 개념이란 뜻이다. 그러나 그 방향을 좁혀서 말하면 시(詩)는 주로 자유시를 일컫는 글들을 통칭한다. 그런 면에서는 시와 시조는 엄격히 구분된다.

나는 여기서 시와 시조의 개념을 구분하고 방향성을 제시하려는 의도는 전혀 없다. 또 그럴 능력도 없다. 단지 시조를 쓰는 사람의 위치에서 오랫동안 망설이다 이번에 세상에 내놓으려는 시조집의 독특한 구성을 설명해 보려는 의도일 뿐이다. 이제껏 경험으로 느껴왔던 시조 발전의 과정에서 불거져 생성된 사설시조 형식에 대해 말해보고자 한다.

고려 시대 말경부터 시작되었다는 정형 시조와는 달리 사설시조는 그 정형의 틀을 파괴하는 장형시조로 형식을 확연히 달리한다. 일반적으로 시조 형식은 정형 율격을 중시하는 정형 시조와 종장 제1구를 제외한 어느 구절 하나만을 두 구절 정도 길게 한 중견 시조 또는 엇시조, 그리고 종장을 제외한 어느 장, 주로 중장을 두 구절 이상 길어진 글을 사설시조 또는 장형시조로 구분한다. 그러니까 여기서 사설시조란 두 행 이상, 6 음보 이상이나 어느 한 행이 8 음보 이상 늘어난 것을 말한다. 이러한 파형에서 사설이란 말의 뜻은 '음악적으로 말 즉 언어를 촘촘히 박아 넣었다'라는 뜻의 '엮음'을 다르게 일컫는 말이다. 국어사전에서도 '길게 늘어놓는 잔소리나 푸념' 또는 '판소리에서 소리와 소리 사이에 가락을 붙이지 않고 이야기하듯 줄거리를 설명하는 부분'을 말한다고 되어있다.

　조선 시대 두 전란 이후 사대부 체제에 비판적인 시각을 지닌 새로운 저항 세력이 등장하는데 문화예술 분야에서 보면 실학사상이 주류를 이루어 기존 질서를 벗어나려는 운동이 일어나고 있었다. 즉 관념적인 지각 판단을 벗어나 사실적인 성격을 위주로 하는 산문문학이 서서히 발전하고 이것이 바탕이 되어 알아들을 수 있는 규범으로부터 위장된 질서를 부수고 기존 질서에 대한 반발과 비판을 표현하는 시조의 한 형태가 자연적으로 등장한 것이다. 농사꾼, 장사꾼의 장황설이 한몫하여 낮은 계급 사람들의 항변을 다양하게 나타내는 등 사대부의 품격과는 반대되는 잡소리나 그와 유사한 우스갯소리 등을 등장시켜 희극적 미학 즉 페이소스를 유발하는 장르가 생겨난 것이 사설시조의 시작이라 할 수 있겠다. 이제껏 충효를 중심으로 질서 있고 품위 있는 언어의 율격을 중시하는 형식에서 시대 흐름에 따라 낮은 계급에서 고매한 품격에 반발이라도 하듯이 반대되는 잡소리나 시정에서 나돌 법한 말들의 조합을 등장시켜 해학과 풍자로 불합리한 부조화를 그대로 노출하여 골계미를 표현하기 시작한 것이다. 조선 후기에 판소리나 탈춤과 함께 시정 삶을 거침없이 있는 그대로 나타내 웃음을 유발하면서 삶의 실상을 시비하는 형태에서 시작한다. 그 속에 비판 정신을 가미하여 시대 정신을 표출하는 사실주의적 문학이 등장하여 폭발적인 인기를 얻기 시작한 것이다.

시조 형식에 대해 아직도 많은 논란과 맹목적인 비판, 고수, 무조건 반대 등으로 시시비비를 가리지만 개인적인 의견은 이 모든 것들이 현대의 시조가 취할 길은 아닌 것 같다. 보편적인 질서와 개인적인 질서의 발전을 통해 상호 보완하면 시조의 존재 가치를 가질 수 있을 것이다. 이와 같은 표현이나 주장이 많은 공격 대상이 되겠지만 오늘의 시조는 장르를 지나치게 고수하여 틀에 얽매인 답답함보다 시인만의 독특한 개성이 묻어나는 시의 세계를 존중해 주어야 한다고 개인적으로 생각한다.

그런 의미에서 사설시조라 할지라도 꼭 낮은 계급에서 해학적 페이소스를 유발하는 것에 지나치게 방점을 둘 필요는 없다고 본다. 단지 대부분 중장의 긴 사설이란 그 형식만을 빌려와 정형 시조와 같거나 더욱더 진지한 문학적 언어의 엮음을 표출할 필요도 있다고 본다. 그래서인지 점점 변해가는 사설의 언어와 구체적인 사설의 내용이 사뭇 자유시의 초현실주의나 상징주의 글들처럼 변화할 필요성에도 백분 공감한다. 20세기 이후 모든 예술 분야의 발전과정이 아방가르드 패턴으로 변화되어 그런 유행이 주류를 이루어 앞서가고 있는 건 사실이다. 그림이나 음악이 여러 형태로 달라지고 있으며 서양 문학은 물론 이에 영향을 받은 우리 자유시 표현 방법도 이를 따르고 있다고 여겨진다. 그래서인지 많은 이들이 작가의 독특한 예술세계를 잘 이해하지 못하여 난해하다고 고개를 갸우뚱하고 있는 것도 숨길 수 없는 현실이다.

　우리 고유 문학인 정형 시조는 옛 형식을 고수하는 전통에 매여서 그렇다 치더라도 발전과정에서 파생된 사설시조에조차 기존의 해학적 사설만을 고집할 필요가 있을까 하는 의문이 든다. 이에 산문문학의 주제부터 형식 파괴를 인정해야 하고 고답적인 접근 방식에도 약간의 진로 수정이 필요하다는 생각이 이번 선보일 작품들의 근간이 된 것이다.

　이번에 내놓으려는 사설시조 형식은 가능한 한 전통적인 사설시조 형식을 따랐지만 어떤 글에서는 그 형식조차 변형된 것으로 중장을 정형 시조 몇 수를 열거하는 것으로 대신하는 등 약간의 변화를 시도해 보았다. 예를 들면 「레퀴엠」에서는 교회 음악 7곡을 그대로 나열하였고 「참회 요일」에서는 월요일부터 일요일까지의 기도 형식을 빌어와 한 편의 정형 시조를 그대로 옮기기도 했다. 그러나 대부분의 시조 형식은 기존 사설시조 형식을 고수하였으며 약간의 변형을 시도한 것은 부정할 수 없다.

　그러나 가장 중요한 변화의 시도는 책의 제목처럼 산문의 내용 그 자체다. 사설시조가 대부분 우리나라 사회 각층의 한 단면을 풍자 묘사하는 것들로 한정되어 있다. 그 한정된 사고를 깨고 시적 대상을 세계 각국으로 시야를 넓혀보려는 시도가 첫째이고 내용에서도 풍자 해학보다는 현상 파악과 존재의 근본을 탐구하려고 접근하여 여행자나 방관자의 입장보다 그 속에 어울리는 우리 정서를 표출하고자 하는 의도가 다음이다. 그러니까 한국적인 사설을 기본 바탕으로 하여 다른 나라의 한 단면을 문화적 바탕으로 바꿔서 노래한 것이라 볼 수 있다.

공교롭게 필자는 개인적인 필요에서나 계획적인 여행 목적이 아닌 근무했던 회사의 필요에 따라 세계 여러 도시를 여행할 기회를 얻었었다. 아무리 비즈니스가 여행 목적이라도 생경한 환경을 접하면 누구나 신세계에 대한 호기심이 일어나기 마련이다. 더군다나 그땐 해외여행이 특수한 경우를 제외하곤 금지했던 때라 더욱더 그러했다. 그러나 난 무심코 흘리면서 아무런 감흥 없이 지나쳐 버리기를 거듭하기 일쑤였다. 그러다가 외국에 주재원으로 나가 가족과 함께 몇 년씩 거주하게 되니 여행을 그렇게 좋아하진 않았지만, 자연적으로 살았던 도시나 그 주변, 또는 주변 나라를 여행하게 되며 그러기를 12년 이상을 이 나라 저 나라를 돌아다니다 보니 몸담고 살았던 도시의 밑바탕과 문화적 배경에 대한 궁금증이 일어나기 시작했다. 그 후 출장 목적이든 근무가 목적이든 낯선 도시를 방문하여 그곳에 며칠 머물면서 특장점을 메모하여 남기고 싶은 마음이 많아졌었다. 하지만 몇 번 방문한 일부 국가들에 대해서는 가까운 이웃이고 우리와 삶의 형태가 유사하며 여러 면에서 동질성이 많았음에도 불구하고 문화적 충격을 받은 점이 많지 않았기 때문에 산문을 써나가기가 쉽지 않아 다음으로 미룰 수밖에 없었다. 또 개인적인 선호에 따라 미주나 유럽에 각각 6여 년을 살았음에도 미국에 대한 글은 몇 편에 불과하고 유럽에 대한 글들이 많은 것을 부정할 수는 없다. 왜냐하면 개인적으로 선호하는 면도 있었으나 왠지 낯선 곳에 발을 디디면서 어딘가 나도 모르게 낯익은 곳으로 여겨졌고 본향 같은 착각에서 느낌이 유별하다는 생각 때문이다. 그런 면에서 편향적인 선호에 따라 글들이 배분되었기에 공평한 여행기라 할 수도 없다.

책 제목이 『보헤미안 레토릭』이지만 사실 외국에서 느끼고 적은 것은 그중 절반에 불과하다. 처음에는 전 작품을 각 나라의 사설로만 채우려 하였으나 무리라고 생각되어 중간에 수정한 것이다. 둘러본 곳은 많으나 모든 곳에서 색다른 감흥을 느끼고 호기심으로 그 배경을 파헤쳐보려는 의욕이 생기는 게 아니며 설사 못 갔었다 할지라도 친근감으로 소통되었으면 그것 또한 글로 남겨두기가 충분한 이유가 된다. 위에서 잠깐 언급하였듯이 여러 번 가본 곳이라도 그냥 무덤덤하게 스쳐 지나쳤을 뿐 설사 천하절경이나 유구한 역사를 간직하고 있다 해도 글 쓰는 사람이 느끼는 자기만의 전달하고픈 시어가 생각나지 않는 것을 어쩔 수는 없는 노릇이다. 여행지에서 얻은 것을 정형 시조 율격에 꿰맞추는 시도는 생략해야 할 부분들이 너무 많아 필자의 능력으론 불가능해 보였다. 그래서 사설의 형식으로 빌어와 나름대로 느낌을 읊어본 것이다. 가능한 한 산문을 우리의 문화로 환치하여 비교해보는 사설시조의 형태를 취하려고 노력하였다. 어떤 면에서는 무리일 수도 있으나 항상 우리 내부에서만 머무를 수 없다는 생각에서 과감하게 시도를 해본 것이다. 그것에 대한 평가는 온전히 독자의 몫이다.

사설시조를 몇 편을 소개하고자 한다. 우선 「천로 보헤미안」은 존 번연의 천로역정에서 모티브를 빌어와 자신의 인생 역정을 형상화해본 작품이다. 이것은 늘그막에 겪는 내면의 소리이고 하느님에 대한 고해이며 약속이기도 하다. 냉담한 기독교 신자로서 스스로 내놓을 수 있는 신앙적 방황의 몸부림이라고 봐도 좋다. 여기서 첫째 수는 황혼기 늦가을에 몸부림치는 회한의 읊조림이고 2~4수는 지난날 아픔과 죄업에 대한 처절한 고해와 갱생을 위한 기도이며 마지막 5수는 죽음 직후 신앙의 판가름 길목에 대한 자기 성찰이다.

1. 절망의 늪

시간을 잊어버린 한 사내 길에 섰다.
낙엽이 태질하고 날숨처럼 거푸 뱉는 너덜겅 내리받이엔 불단풍이 즐비하다. 냉담한 순례자여! 시온으로 가는 길에 전도자를 팽개치고 체온 잡기 급급하다 낙심의 수렁에 빠진 눈시울이 시뻘겋다. 굴곡진 고행길이 서산마루 턱 괼 무렵 고해뿐인 지난날이 어제 일

만 같은데

이제 곧 털어 버려야 할 날빛 하냥 두렵다.

-「천로 보헤미안」첫째 수

늦가을 떨어지는 낙엽을 바라보며 저물어가는 인생 황혼기의 회한을 대입한 것이다. 어디서 어떻게 무얼 하고 살았다 해도 후회뿐인 늘그막엔 지난날의 단면들은 그저 고해의 대상일 것이다. 이제 끝나가는 서산마루 하루해가 두려워 급급하며 신앙에 기대려고 하는 순례자의 두려움과 몸부림으로 마감한다.

그다음 펼친 2~4수는 여기서 그 내용을 생략했으나 지난날의 조각들을 하나하나씩 꺼내어 하느님께 지은 죄를 고백한다. '좁은 문' '허영 시장' '곤고한 산'이 전부가 다 시작점에서부터 지금 처한 마지막 시험에 이르기까지 처절한 인생길이 후회와 용서를 구하는 언어들로 점철된다. 이는 천로역정에서 순례자의 여로와 같은 역정을 자신에게 대입시켜 고해하는 눈물이다. 사람들은 세상에 태어나서 어떻게 세상을 헤쳐 살다가 마지막 생을 어찌 마감하든 간에 만족할 수도 없겠지만 하느님께 죄를 짓지 않고 살 수도 없는 것이다. 그러다가 하늘 문 앞에 이르러서야 그 믿음을 시험받게 된다. 어쩌면 늦었을지도 모르는 그 단계에 이르러서야 회한과 용서의 언어가 자연적으로 기도의 형태로 나오는 것이다.

5. 죽음의 어두운 강

여기가 어디인가? 태양마저 지운 강물

스틱스 카론이여! 아홉 명계 휘감아도 노 젓는 소리를 삼킨 달빛 교교 괴괴하다. 조물주도 어둠으로 아침 되게 하셨으니 천궁도(天宮圖)에 엉킨 이름 영광으로 빛날 거다. 소멸로 가는 길목일까? 임마누엘 임하소서! 낯선 저 기울기로 가려지는 하데스에 부질없이, 다 비우고 꽉 쥔 주먹 펼친 지금

하느님 눈에 얼비친 나는 과연 누구일까?

- 「천로 보헤미안」 마지막 수

결국 사람들은 누구나 죽는다. 카론 사공을 만나고서야 하느님의 영광을 맞닥뜨린다. 그곳에서 업보에 따라 소멸로 가든지 지옥으로 가든지 천국으로 가든지 하는 마지막 역정이 판가름 난다. 어떻게 살았느냐 하는 것은 나의 판단 영역이 아니라 하느님 눈에 비추어진 나 자신으로 결정된다. 이것이 보헤미안의 마지막 여정이다. 그야말로 죽음 그 후는 하느님께 온전히 맡긴다는 말이다.

이 시조는 5편의 사설을 1편으로 묶어서 나타낸 인간사의 역정과 죽음에 다다르는 과정 및 그 직후를 반추하는 글들이다. 죽음 이후의 과정, 즉 지옥과 연옥 그리고 천국의 과정에 대해서는 단테의 「신곡」을 빌어와 자신에게 대입하여 재해석한 「단테 La divina commedia」 I II III에서 상세하게 읊조리고 있다. 그러니까 「천로

보헤미안」과 「단테」는 한마디로 연결된 장편 서사 사설시조라 할 수 있다.

    빛바랜 지붕 위로 안개비 조는 오후

    모로 누운 시티 콧대 거방진 목소리에 헤식은 서울발 부고 템스강에 흘려보낸 그래 거기, 지난날 피, 땀 눈물, 살가운 얼굴까지 깊게 박힌 거릴 지나 잔자갈 깐 굽은 골목 온몸으로 요동치다 망나니에게 머리 내민 사수(死囚)가 피를 부른 바로 거기. 본체만체 눈 흘기고 발길 접은 여우비야. 도도한 저 강 물결을 유령처럼 흐리는가. 고단한 손끝 너머 살내 끝내 추적하여 먹이 찾는 까마귀 떼 게걸스러운 검은 부리가 황토 물살 감돌아 목청 돋워 발톱 가나? 더는 뜯어먹을 게 없을 때까지. 까악 깍, 깍깍…. 세상에나, 만상에나! 런던탑 왕관에서 타워 브리지 그 아래로 만장 펼친 소리가 엎어지고, 자빠져서 좌표마저 잃은 건가. 설움뿐인 사분의 사 박자 음표들이 그렁그렁한 레퀴엠을 선착장에 가둬두고 워털루도 본체만체 속 텅 빈 산소통 지고 히스로로 달려가네, 내달려 갈 수밖에 없네.

    극한값 오목가슴에 미련 모두 구겨 넣고.

                                    -「롬바르드 엑소더스」 전문

롬바르드는 영국 런던 중심가에 자리한 금융의 대표적인 거리 이름이다. 영국이 해가 지지 않는 나라라는 명성으로 세계 경제를 쥐락펴락할 때 그 원천이 되는 중심지로 영란은행을 위시하여 세계의 부를 좌우지하는 은행들이 들어서 있는 거리 이름이다. 뉴욕시와 더불어 현재까지도 세계 금융질서의 선도적 역할을 하는 핵심적인 장소다. 뉴욕의 월가나 런던의 롬바르드는 그 이름 자체만으로 금융시장으로서 세계를 움직인다고 할 수 있다. 우리나라가 IMF로 힘겨워할 때 그네들의 거방진 태도에 대탈출을 감행한 한국 금융기관과 경제단체들의 상황을 묘사하고 그 롬바르드와 가까운 거리에 있는 그네들의 흥망사, 런던탑과 까마귀로 표시되는 잉글랜드왕조의 몰락에 대비하여 서술한 산문이다. 이는 과거와 현재의 역사이고 실상이니까 해학이 없더라도 담담하게 상황의 아다지오를 읊을 수 있다고 여겨진다. 종장에 '극한값 오목가슴에 미련 모두 구겨 넣고'라는 시구로 마침표를 찍는 건 아쉽지만 그쯤에서 죽지 않고 살기 위해 런던에서 탈출하는 최일선 담당자들의 애환이 아닌가 여겨지는 대목이다. 전형적인 보헤미안 수사의 한 장면이다.

들부어 말아주세요 공정하고 공평하게

샴페인 아재 술들 hip한 매력 꼭지 돌게, 하이볼 부드러운 맛 홀딱해서 잠기게끔. 간판 버린 술집에서 의자 없는 맨바닥서 고급 와인 싱글몰트 과유불급 두루 섞어 콘텐츠 콜라보레이션 복세편

살 에지 있게. 아니지, 그건 아냐, 이슬 끊고 짱 박혀서 몇 날 며칠 골을 쏟아 첫선 보인 유튜브에 좋댓구알* 목 뺀 탓에 하늘땅 노래 졌네요, 웃픈 날 언제까지. 어이상실 킹 받는데 억까지만 마시구요 일취월장 새김질한 MZ잣대 트렌드가 오히려 완전 좋아요 낭만까지 살아있어. 젠더 간 세대 간이 다 같은 사람이야 삼권 만큼 반말 모드 뻥 좀 쳐서 때릴까요? 군침 싹 안줏거리에 캐주얼한 칵테일로,

가슴이 웅장해져요. 와우, 넘나 감동예요.

* 좋아요, 댓글, 구독, 알람 설정.

— 「웅장한 가슴앓이」 전문

  이는 신세대와 구세대 간의 차이점이 무엇인지 짚어보고 어쩌면 갈등 구조에 있는 세대 간 젠더 간의 화합을 위한 제안서 같은 사설이다. 그래서 시어도 신세대가 사용하는 언어들로 맞추어 보다 생동감 있고 서로 다가서게끔 유도한 작품이다. 서로 한 발자국 다가서면 서로 이해하고 융화되어 어우렁더우렁 살아갈 수 있다는 화합의 메시지다. 그 결론으로 가슴이 웅장해지고 감동적인 한마음으로 헤아릴 것을 권장한다.

시무 읍소 마른천둥 하늘 마구 들깨워도 귀 닫은 모르쇠에 불

티같은 깃발, 깃발… 광장이 이글거린다, 터질 것만 같은 화구(火口).

만장 펼친 앉은소리 해치상이 울컥하고
차벽 뚫는 신문고가 스크럼을 미당길 때, 대학생 중년 부부 노인서껀 유모차까지 가는 발길 옥죄는 저 태극 파도 왜 일렁일까? 국궁진췌 사이후이(鞠躬盡瘁 死而後已), 출사표 걸어놓고 한 치 벌레에도 닷 푼 결기 있노라고 울부짖는 눈빛처럼. 징소리 삼킬 만큼 뒷북 치는 패거리들 마타도어 처방전에 하 많은 장삼이사 헛발 딛고 궂긴 일을 어찌어찌 삭이라고? 이나저나 그만 좀 해요, 이제 겨우 등짝 덥혀 한뎃잠 벗었는데 땡잡은 듯 흘미죽죽이 귀한 시간 흘리잖아. 벌어진 틈 사이만큼 마그마 폭발하여 너나없이 궂기 전에 가슴 졸이는 풍촉 앞에 편 가르기 접어두고 눈 딱 감고 뭉치자고요. 제발, 제발…

우린 다 한 핏줄인걸
형제자매 두어 터울로

상처뿐인 악다구니 아귀다툼 멈춘 다음 짓무른 마음 고름 애오라지 고수련하여 턱을 괸 금빛 햇살을 울력 다 해 펼치자고.

- 「마그마 광장」 전문

우리나라가 현재 안고 있는 좌우 갈등을 정면으로 다룬 글이다.

여기서 마그마는 하루도 쉴 날이 없이 광화문과 시청을 중심으로 뒤덮고 있는 시위대에 대해 옳고 그름을 따지기보다 답답함을 토로하는 한 보통시민으로서의 울분이다. 해방 이후 숱한 어려움 속에서도 피땀으로 이루어놓은 풍요를 내부의 이념적인 갈등으로 모든 것이 허물어지는 것에 안타까움을 나타낸다. 사설의 결론은 화해를 권하며 합심해서 시련을 헤쳐나가자고 제안한다.

 이렇듯 피력한 모든 사설시조에서 가능한 한 음풍농월이나 사랑 타령을 배제하고 현실의 한 단면을 들춰내어 갈등 구조를 고발하며 이를 치유하고자 하는 것에 중점을 두었다. 그러니까 전통적인 사설시조의 밑바탕인 해학이나 잡소리를 들어내고 심각하게 현실을 진단하는 부분에 중점을 둔 것이다. 시적 대상이 낯선 어느 도시, 장소 또는 어떤 책이라 할지라도, 나아가 사회 밑바탕에 내재한 갈등 구조의 단면이라 할지라도 우스갯소리를 빼고 진지하게 접근한 것이다. 그러니까 전혀 사설답지 못한 언어들로 사설의 형식만을 빌어 사설을 읊는 문장으로 구성되어 있으니 독특하다고 스스로 진단할 수밖에 없다. 설령 그것이 사설 본류에 벗어났다 하더라고 급변하는 사회에다 다양한 세계 풍물을 접하고 보다 섬세한 관찰이 필요한 판단으로 과감한 생략이나 운율에만 매달릴 수 없었음을 고백한다. 그 결과 이건 사설이 아니라 평범한 산문이라고 평을 받을지언정 그것을 겸허히 인정할 수밖에 없다. 그러나 한 번은 꼭 직접 보고 느끼고 체득한 것을 조금은 익숙한 시조 형식을 통해 전달하고 싶었기에 모아둔 글을 선보인다. 여행기가 아니라도 시적인 언어를 가미하여 누군가는 내재하는 운율을 느낄 수 있게 나름대로 최선을 다한 것이라 불만이 없다.

영국 S 대학에서 비교 문학을 가르치는 H 박사님이 토머스 하디 소설을 좋아하는 나를 초대하여 「테스」 100주년 기념 투어에 참여한 적이 있다. 브론테 자매의 「폭풍의 언덕」이나 「제인 에어」 발자취를 따라가 보기도 했다. 그네들 소설의 공통점은 구태여 소설적인 무대를 설정하지 않더라도 자연과 시대 상황을 묘사하는 것만으로도 독자가 읽기에는 훌륭하고 신비로운 장면을 연상하게끔 되어있다는 점이다. 여하튼 유명 소설가들의 표현 방법과 이야기 전개에 매료를 느껴 습작으로 산문을 써보기도 하고 아주 드물게 발표하기도 한 것을 어쩌다 한번 보셨는지 내가 글쓰기에 관심이 많다고 판단하시어 인도하신 것이다. 그러면서 몇 번이고 확인하는 갑작스러운 질문이 날 당황하게 하였다.

"왜 글을 씁니까?"

이 질문은 비슷한 시기에 BBC 언어학자가 내게 던진 질문과 비슷하다.

"글 쓸 때 어떤 점을 가장 중요시합니까?"

나는 아직도 정확한 답을 모르고 있다. 그분들도 무슨 연유에서인지 질문만 던졌을 뿐 나에게 친절하게 답을 말하거나 비슷하게라도 설명하신 적이 없었기 때문이다. 그 후 만나기도 하고 편지·전화로 안부를 주고받으면서도 그 답에 대해서는 어떤 명쾌한 해답이 없었기에 어림짐작으로만 느낀 게 전부다. 허를 찔리듯, 그런 예상치 못한 질문에 잠시 주춤하였던 내가 생각도 없이 얼떨결에 생각나는 대로 때운 답이 어쩌면 정답일지도 모른다는 위안이 불현듯 들기도 한다.

"글쎄요. 하루하루를 흘려보내기 아쉬워서 뭔가를 끄적여 보고 싶은 것이 사람살이 그 자체가 아닐까요? 그런 흔적으로 반대급부로 뭘 얻겠다는 것보다 글 쓰는 존재, 그 자체의 몸부림이라고 생각하는데요. 감성적 몰입으로 끄적인 읊조림이 아니라 생활 속에 뛰어든 삶의 표현일 겁니다."

그 후 시조집을 내면서 번역을 부탁했으나 정중히 거절하면서 "시조는 고유어가 많잖아요. 시조에서 순우리말은 어떤 언어로도 대치할 수 없을 거요, 그건 한국어로만 느껴지는 것이니 소설도 아닌 시, 나아가 시조 번역은 나에겐 불가능할 것 같아요."

한국 소설이 훌륭한 번역가의 힘을 얻어 세계에서 주목받기 시작하자 비교 문학 학자로서 이에 고무되어 들뜨다가 내가 내민 시조에는 한 발자국 뒤로 물러서시는 게 아닌가. 그렇다. 시조는 어떠한 시적 대상에서라도 우리 고유어를 가미해야만 제맛이 나는 장르다. 설사 산문 중심의 사설시조라고 해서 예외가 아니라고 본다.

결 다른 표현 방법에다 시적 대상까지 외국으로 넓혀 본질에서 벗어났다고 힐난 받아도 그런 시도는 분명 의미 있는 도전이라고 생각하여 불확실한 시야에서 사설 시조집을 내놓으려 하고 있다. 이름값을 엿보거나 세상일에 한 톨 관심 있는 사람으로서는 감당하기 쉽지 않은 무모한 시도라는 것을 감내하고서라도 조심스럽게 문을 두드려보는 것이다. 문은 두드리는 자에게 열리는 법이니까.